Ⓢ新潮新書

烏賀陽弘道
UGAYA Hiromichi

報道の脳死

467

新潮社

報道の脳死 ● 目次

はじめに　7

はじめに

「3.11報道」で見えた日本の報道の問題点は何でしょうか。「ポスト3.11」という新しい時代に、報道はどんな姿になるのがいいのでしょうか。そのためには何をすればいいのでしょうか。それを議論するための一つの視点を提供すること。それが私がこの本を書く目的です。

2011年3月11日に起きたM9・0の東日本大震災。それが引き起こした巨大津波。そして福島第一原子力発電所の暴走と、放出された放射性物質による広範囲にわたる放射能汚染。どれひとつとっても国や社会が想定しうる最高度の甚大クライシスです。これより深刻な危機は「戦争」「大規模テロ」ぐらいしかありません。

このクライシスをまとめて「3.11危機」あるいは単に「3.11」と呼びましょう。3.11は日本という国が維持してきた様々なシステムの問題を露呈しました。東京の中央省庁、地方行政、電力業界、学界など、数が多すぎて数えきれないほどです。地震の巣のような日本の上にある原子力発電所が、実は予想以上に脆弱であること。放射性物質の飛散予測、住民の避難など「万一」に備えた準備をしていない、あるいはしていてもほとんど役に立たなかったこと。その多くが論者の指摘と批判を受けていますので、ここでその全部を上げることはしません。

その中でも、新聞やテレビを中心とした「報道」のあまりにも惨めな醜態に、被災者だけでなく、読者・視聴者は激しく落胆し、怒りました。私は福島県の被災者に聞いて回って確かめましたが、報道が機能不全を起こしたために、とるべき行動がわからないまま放射性物質に被曝する実害まで起きています。こうした「報道が本来果たすべき機能を果たさないために、国民の生命や財産が大規模に毀損されること」を、私は「報道災害」と呼んでいます（詳しくは『報道災害【原発編】』〔幻冬舎新書〕をご覧ください）。

東京の都心に家族と暮らす一人の市民として、私は放射性物質の影響から避難する必要があるのかどうか、3月11日以降、テレビや新聞を文字通り必死で注視しました。しかし結果は虚しかった。いくらそこに書いてあることを丹念に読み、スクラップして情報をつなぎあわせても、逃げるべきかどうか、わからないのです。私は新聞社に17年勤めた「ニュース記事をつくる側」の人間ですが、その私でもさっぱりわからないのです。一般の人々はもっと混乱したことでしょう。

結局、外国のニュース媒体のサイトや政府機関のウエブ、ネットラジオ、果てはツイッター、フェイスブックといったSNSまで連日ぐるぐるまわってようやく「どうやら東京から危急に脱出する必要はなさそうだ」という感触を得たのです。その判断の根拠になった多くは、外国の政府や公的機関、ニュースのウエブサイト、SNSで知り合ったアメリカ人やヨーロッパ人が教えてくれた情報であり、日本の新聞やテレビは「存在してもしなくても同じ」くらいに不能でした。

私たちはもう、結論を出していいのではないでしょうか。「戦争にも匹敵する危機の中、市民が命をかけた判断をするときに、判断材料として役立たない報道に何の存在価値があるのだろうか」と。「存在価値はない」と。

ずっと新聞社にいた私にはよくわかりました。3．11報道が見せた報道の不能ぶりは、私が大学を卒業して新聞記者になった26年前からずっと指摘され、解決が急がれていた問題に起因するものばかりでした。26年間待てば十分でしょう。26年も問題を解決できない組織は、いつまで待っても問題を解決することはできないのです。「自己修復能力」

や「自浄能力」がないのです。

また3．11という戦争級の危機が来ても不能のままの報道は、本当に戦争が起きても不能のままでしょう。あらゆる意味で3．11は国家が想定しうる最烈度のクライシスであり、3．11で見せた報道のありようこそが、日本の新聞社やテレビ局が持つ「自己ベスト記録」「最大限がんばった実力」なのです。つまり彼らは揃いも揃って「実力テスト」に落第したのです。

「報道の脳死宣言」をする時が来た。私はそう考えます。

これまで、日本の報道の問題を論ずる人は「報道の再生」とか「出直し」「信頼回復」など「日本の報道はまだよみがえる」という楽観的な未来像を描いてきました。2005年の拙著『「朝日」ともあろうものが。』(現在は河出文庫)では私も「蘇生」という言葉を使って、自律的あるいは他律的な「回復」に期待を残しました。

しかし、そうした「日本の報道がまだ生きていて、復活が可能である」という認識そのものが、現状認識として誤りであることを3．11は教えてくれました。そうした誤認が事態の解決を遅らせせました。戦争のような危機で、彼らは不能であり、役立たずだったのです。まず「彼らは死んでいる」「身体は動いているが、脳は死んだ状態にあり、蘇生は不可能」という現状認識から議論を出発させるのが適当でしょう。そうでないと、文字通り「死馬に鞭打つ」状態のまま日本の再生という重大な責務は一歩も前に進みません。

今も報道記者を仕事とする人間として、またかつて新聞社で17年を過ごした人間として、返す返すも悔しいことです。「ふだんはボケた仕事しかできない日本の新聞やテレビも、クライシスの時にはシャンとしてくれるだろう」という私の期待は、無残に裏切られたのです。

２００３年に朝日新聞社を退き、05年に同社勤務時代の回想録を出版して以来、私はこの国の報道や報道機関について書くことをためらってきました。私は一記者にすぎず、そのような大それたことを書く「資格」があるとも思えませんでした。また、社員として間近でみた報道の堕落と腐敗はあまりに巨大で規模が大きく、どこから手をつけていいのか、途方に暮れていた、ということもあります。17年間社内で問題を叫び続けても、誰も耳を貸さず、何も変わらなかった。そんな無力感、挫折感もあります。

しかし、3.11はそんな私の認識を一変させました。そして改めて現場に足を運び、取材を重ねるにつれ「この国の報道のありようは、この国の民主主義の欠陥の大きなピースなのではないか」と思うようになったのです。報道とはつまり「国民の知る権利の代行者」であり「市民を権力から自由にするための情報を運ぶ仕事」だと私は考えます。この国の「報道の不能」は「民主主義の不能」の一部でもある。この本では、報道の不能を端緒に、この国の民主主義の危機を考えたいのです。

私はこの国で報道を生業とする人間にしてはあまり似た人のいない、珍しい道を歩んできました。日本の「報道業界」のほぼすべての職種を経験しているのです。

26年前、1986年に大学を卒業して就職したのは朝日新聞社でした。そこで5年間は新聞記者として働きました。そして同じ朝日新聞社に在籍したまま「アエラ」という週刊誌の記者になりました。10年をそこで過ごしたあと、雑誌の編集者をして、2003年には会社を辞めてしまいました。そのまま今日に至るまで、会社には属さずに報道記者の仕事を続けています。いわゆる「フリーランス」の記者という職種です。

ずっとテキストを書く「ペン記者」だったのですが、最近は取材先（例えば3.11の被災地である岩手県や福島県）で写真を撮影したり、ビデオカメラを回したりする取材も増えています。記事を発表する媒体も、新聞→週刊誌→月刊誌・隔週刊誌→書籍、インターネットと広がっています。インターネットの比重が増えるにつれ、インタビューをネットラジオやユーストリームで放送する機会も増えました。

新聞からインターネットまで、あらゆるメディアを経験しています。「社員記者」と「非社員（フリー）記者」の両方をやっています。記者クラブの内部にもいましたし、外部にもいました。私には、それぞれの長所と短所がよく見えます。

最近批判されることの多い記者クラブのことに言及すれば、新聞記者時代の大半は記者クラブに所属していました。「記者クラブインサイダー」だったのです。かと思えば、同じ会社なのに、週刊誌（アエラ）に異動したとたん、クラブから追い払われる側になりました。そのまま退社に至るまで、記者クラブには属さないまま記者を続けています。

この本は、どうしようもなく、そんな私の来歴を反映しています。

朝日新聞社に在社していたころから、私は「日本のマスコミ」が抱える数々の問題点に、自分の職業や人生の問題として、そして日本の民主主義の問題として、胸を痛め、頭を悩ませていました。社内でも会議や研修、私的な集まりで機会があれば率直な意見を述べ、解決のためのシナリオを提案したりしていました。その多くが、解決できないまま、25年を徒らに過ごし、そして3．11という最悪のカタストロフを迎えてしまったのです。

「記者クラブ制度」は間違いなくその病弊のひとつにほかなりません。が、それは日本のオールド・メジャー・マスコミが抱える無数の病弊のほんのひとつに過ぎないことも事実です。「記者クラブ」はあくまで「悪化した病人の症状のひとつ」であって「病気」そのものではありません。

そんなおり、2008年ごろから、上杉隆氏らフリーランス記者たちを中心に、記者クラブ制度やそこに属するオールド・メジャー・メディアへの批判が強まってきました。首相官邸や中央省庁の記者会見のフリー記者への開放がシンボリックな論点として浮上したのも、このころです。インターネットに「ツイッター」という新しい言論空間が登場したことで、こうしたオールド・メジャー・メディアへのフラストレーションは、みるみる拡散し、世論のメインストリームに躍り出たようです。今や学生や主婦のみなさんまで、新聞社やテレビ局、記者クラブを腐敗と堕落の巣のように言います。そして記者会見や討論、インタビューをそのまま動画でネット上で流してしまうユーストリームが登場するなど、いよいよオールド・メジャー・メディアの比較優位は瀕死の状態に追い詰められてきました。

しかし当のメディア側の反応は鈍く、改革はまったくと言っていいほど進みません。それは、かつて朝日時代に私が体験・目撃した「鈍重なカフカ的巨大組織」そのものでした。彼らは全然変わっていない。そして、かつて自分が予想した「オールド・メジャー・メディアの死」が意外に早く来るかもしれない。そう思い始めたのです。

しかし一方、インターネットに流れる世論を観察しながら「すべてに同意することもできない」と感じたのも事実です。「新聞テレビは即時解体」「記者クラブ全部廃止」「マスゴミは諸悪の根源」のような勇ましい意見（まあ匿名で中学高校生が発言しているかもしれないのですから仕方ないのですが）を見るにつけ、それは現実的ではないし、実務として報道に関わる人間として賛成できない、などと思いました。

そこで、2010年が終わるころから、インターネット上で「そろそろ『ポスト記者クラブ』『ポスト既存マスコミ』の実務を考えませんか」「2011年をその元年にしませんか」と提案していました。すると、事前にはまったく知らなかったのですが、2011年になるや、フリーの記者たちが「自由報道協会」という団体を立ち上げ、小沢一郎氏などの重要な取材対象の会見を記者クラブとは別に開くようになったのです。「ああ、これで大きく流れが変わった」などと考えていた矢先の3月11日、あの東日本大震災が襲ってきたのです。

「脳のすべての機能が不可逆的に回復不可能な段階まで低下した状態」を「脳死」といいます。事故などで「脳が死んだ」人に、人工的に呼吸を続けさせ、生命を維持している状態を言います。息はしているし、体は温かい。しかし思考や感情が戻ってくることはありません。表面上は生きているように見えるが「精神」を司る中枢である脳が死んでいるのです。3．11報道を見ながら、私はこの「脳死」という言葉を思い出しました。「オールド・メジャー・メディア報道の脳死」を宣言する時が来たのです。悲しいことですが。

私が個人的に長くつきあっている新聞社やテレビ局の記者たちは、実に有能で意志も強い。そして心優しく、勤勉に仕事に取り組んでいます。そうした個人の職能や意志を、紙面や番組として（＝組織として）読者視聴者に還元する能力や意志を、新聞社やテレビ局は失ってしまっています。まったく不思議な現象なのですが、これも私が「脳死」と考える理由のひとつです。その詳細は本文で考察します。

全国紙やキーテレビ局が「つぶれてしまう」ようなシナリオはいましばらくは現実的ではないと思います。経済体としてのオールド・メジャー・メディアは今も「生き続け」ていますし、しばらくは生き続けるでしょう。身体は動いているのです。しかし、その頭脳である「報道の精神」はもう死んでしまった。蘇生させたくても、組織が壊死を起こしている。

いま日本の既存型報道が見せている病弊の数々は、長期的なものです。3．11クライシスのショックで急に「発作」に見舞われたわけではありません。生活習慣病のように、以前からずっと続いてきた構造的な衰退が、そのままシビアな条件下で露呈しただけのことなのです。「いつごろからそれが始まったのか」と問われれば、26年前に私が新聞社に入って記者になった当時から、でしょうか（それ以前からかもしれません）。それがほとんど改善されないまま、最悪のクライシスを迎えてしまったのです。

また、新聞やテレビは「インターネット」という「強敵」の出現で「相対的に衰退した」のではありません。ネットは「新聞やテレビの衰退を早めた」にすぎません。ネットの普及期以前から、既存メディアは慢性病が進行していたのです。

26年待っても改善しないどころか病気が悪化するままの報道機関をニコニコ笑って許しているような、平和な、余裕のある時代は、3．11で終わってしまいました。いま日本は「戦時」に等しいクライシスにあります。この本が「ポスト3．11」の日本の報道、そして民主主義を再構築する一助になってほしいと真剣に願っています。

【本書で用いる言葉について】

メディア、報道関連の議論においては基本的な言葉の定義が曖昧なために、不毛な諍いやすれ違いが発生することをよく目にします。本書では重要と思われる言葉について、以下の定義に基づいて用いることにします。

ジャーナリズム＝報道が目指す理想、哲学、職業道徳・倫理、価値観。あるいはそれを実践する組織や集団。

ジャーナリスト＝そうした理想や哲学、道徳・倫理、価値観を実践している個人。

既存メディア＝記者クラブに属する新聞、テレビ、ラジオ。**記者クラブ系メディア**とも呼ぶ。

旧メディア＝既存メディアに雑誌を加えたもの。

メインストリームメディア（ＭＳＭ）＝アメリカの旧メディアを指す。

報道目的のために取材し、コンテンツ（テキスト、写真、映像など）をつくり、出稿する職業を**「報道記者」**あるいはただ単に**「記者」**と総称する。書き分けの必要なときは、以下のようにする。

ペン記者＝主にテキストを書くことを仕事とする記者。
映像記者＝カメラ記者、ビデオ記者など。ドキュメンタリー映画を撮影する記者も含む（ペン記者はカメラ、ビデオ記者を兼ねることも多い）。
ノンフィクション作家あるいはノンフィクションライター＝出版社がつくった造語にすぎないので排する。
ライター＝広告用媒体の文章、編集ページであっても広告タイアップなど広告目的のためにテキストを書く書き手も含む。広告料によって出資または買われた媒体に書く「ライター」と広告からの独立を趣旨とする報道記者とは別と考える。

また、雇用形態別には次のような分類もする。
社員記者＝終身雇用制を前提に報道企業に属する記者。終身雇用制社員とは別に、ある社と数年の単位の専属契約をする記者は契約記者だが、こちらも社内に出勤し、デスクを持つ者も多い。
フリー記者＝社員記者、契約記者のいずれでもない記者。
編集者＝内勤を主な業務とする。記者の書く原稿への指示、修正など。新聞社では「デスク」ということもある。新聞社ではデスクは記者の「指揮監督者」の立場にあり、年次も上である事が多い。出版社の編集者は記者との上下関係や序列はない。

第1章　新聞の記事はなぜ陳腐なのか

パクリ記事の連発

一例として、まずは朝日、読売、毎日の紙面を見てほしい。

陸前高田市の通称「一本松」の記事だ。津波に耐えて1本だけ生き残った防潮林のマツが、復興のシンボルとして被災者に大切にされている、という美談である。

何とよく似た記事かと驚く。似たようなマツの写真が、似たような文の記事につけて掲載されている。ほぼ同じと言ってさしつかえがない。しかも朝日、毎日、読売と連日「陸前高田市のマツ」ネタが6月6〜8日に集中した（以下、特に記していない場合すべて2011年の記事とする）。3紙を購読している私は区別がつかず「これはもう読んだはずではないのか」と頭が混乱した。

おまけに「津波に耐えて生き残ったマツが復興のシンボルとして珍重される」という

前倒し論強まる

い」として、大連立実現の前提に菅首相の月内退陣を要求。岡田氏は5日のフジテレビの番組で「首相が本来辞めるべき時期が来ても辞めなければ、辞めていただくように申し上げる」と述べた。【野口武則、念佛明奈】

復興の象徴ピンチ

陸前高田の一本松

岩手県陸前高田市の名勝・高田松原で津波に耐えて唯一残り、復興のシンボルとなっている一本松に「こも」を巻く作業が5日行われた＝写真。

傷ついた幹を日差しや潮風から守るため、こもを巻くことになった。NPO法人のツリーマスタークライミングアカデミー岩手支部のメンバーが、全高約28㍍の木の中央部から枝下まで、約6時間かけて巻きつけた。

葉の色が徐々に茶色になるなど、予断を許さない状況が続く中、再生への努力が続いている。【写真・文　石井諭】

一本松ピンチ　■陸前高田

東日本大震災で津波が直撃した岩手県陸前高田市の景勝地「高田松原」で、一本だけ

名勝の松　まきに再生

震災の津波で流された岩手県陸前高田市の名勝・高田松原の倒木をまきにして販売し、復興資金に充てる取り組みが続いている。5日は、チェーンソーやおのを手に、ボランティアがまき割りに汗を流した＝写真、金川雄策撮影。松原の7万本の木は、津波で1本を残して根元から折れた。福井県坂井市のNPO法人ふくい災害ボランティアネットが加工と販売を企画。収益は陸前高田市に寄付する。（山西厚）

同時期に出たマツ関連記事。6月6日毎日新聞（上左）、7日読売新聞夕刊（上右）、6日朝日新聞（下）

佐賀県太良町の漁師平方一判断するからこうなった」「させていただく」としなが一を期待する」と述べた。

津波耐えた夫婦松 救って

岩手県田野畑村に津波に耐えた２本のクロマツが残る＝写真、志田写す。１万７千本のマツが並ぶ防潮林だったが、ほかはすべて流された。大きなマツに寄り添う小さなマツを地元の人は「夫婦松」と呼び、保護を求める。10日、樹木医らが状態を調べた。

樹木医の佐藤平典（へいすけ）さん(71)は「両方ともいまのところは大丈夫そうだ。心配なのは地中にどれくらい塩分が残っているかだ」と話した。地元自治会長の道合勇一さん(71)は「支え合うように生きる姿はまさに復興のシンボル。希望がわいた」。　（志田修二）

東京・秋葉原の電気街に並ぶ個人向け小型扇風機の大半も中国製だ。パソコン

るとは」と雑貨店店長の山岸裕介さんは驚く。あまりの人気に、家電量

より1カ月早い4月から扇風機が売れ出した。当初は節電機能付きの3万円台か

状態が続く。ヤマダ電機本社も「並べると同時に全部売れる。入荷が読めず、予

一本松は何を願う

７日は七夕。岩手県陸前高田市の高田松原で東日本大震災の津波を受けて唯一残った「一本松」の上に６日夜、天の川が現れ、多くの星が輝いていた＝写真、葛谷晋吾撮影。「奇跡の一本松」とも呼ばれ、震災後は復興のシンボルに。傷みが激しいことから、クローンによる再生など保存活動が進められている。

市内の高田小学校内で６日飾られた七夕の短冊には「まつのきがこわれないように」と心配する子どもの言葉もあった。

続けざまのマツ関連記事。６月10日朝日新聞夕刊（上）、７月７日朝日新聞夕刊（下）

話を陸前高田市以外でも記者がマネし始めた。今度は岩手県田野畑村で「夫婦松」が登場した（6月10日朝日新聞夕刊）。これだけ松ネタが続くと、もうどれがどれだかわからない。その後、7月7日＝七夕になって朝日新聞が実にメルヘンチックに美しい「一本松と天の川」の写真を掲載していた。9月13日の中秋の名月には満月との写真である（次頁）。この日は各紙「被災地と名月」の記事を掲載。ここまで意図的に反復されると、よほどこれがニュースだと確信しているのだと腰が砕けそうになる。

インターネット以前なら、一般読者で複数紙を購読している人は（私のような職業上の必要がある者以外は）まずいなかったので、こうした「人まね」の記事、「パクリ記事」はバレることも少なかったし、害もあまりなかった。しかし、今は検索ですべての記事が一覧できてしまう。

例えば「グーグルニュース」に「陸前高田　津波　松」のキーワードを入れて3月11日から90日間の指定で検索してみると、なんと60件もの記事がリストアップされる。3日に2日はどこかのテレビ、どこかの新聞が陸前高田市の一本松をニュースにしていた計算になる。これはあまりにひどい。朝毎読など全国紙はもちろん、東京（中日）新聞、西日本新聞、岩手日報、時事通信と入り乱れて、誰が「元祖」なのかもわからない。

奇跡の松 いたわる月

中秋の名月の12日、岩手県陸前高田市の景勝地・高田松原で、津波被害に耐えて1本だけ残った「奇跡の一本松」が満月の明かりに照らされた＝写真、藤井[illegible]撮影。海に反射した月光に浮かび上がった復興のシンボルはいま、衰弱が進み、危ない状態だ。

保護に取り組む日本緑化センター（東京都）の4日の調査では、震災後にいったん出た新芽が枯れ、松ぼっくりも変色していた。松ヤニもしみ出ず、葉全体も茶色になっていた。

センターによると、根が傷んで養分を吸い上げる力を失い、接ぎ木にも適応できなかった。現時点では手の打ちようがないという。

センターは10月上旬にも再調査し、回復できるかを判断する。（山西[illegible]）

発行所　読売新聞

中秋の被災地

満月となった12日の中秋の名月は、東日本大震災から半年が過ぎた被災地でも見られた。

宮城県南三陸町では午後6時前から、東の空に丸い月が現れた＝写真、加藤学撮影＝。時折、薄い雲に覆われながらも、津波で鉄骨をさらす町の防災対策庁舎などを静かに照らしていた。

9月13日（火）　毎日新聞

被災地を照らす中秋の名月＝岩手県大槌町で12日午後5時54分

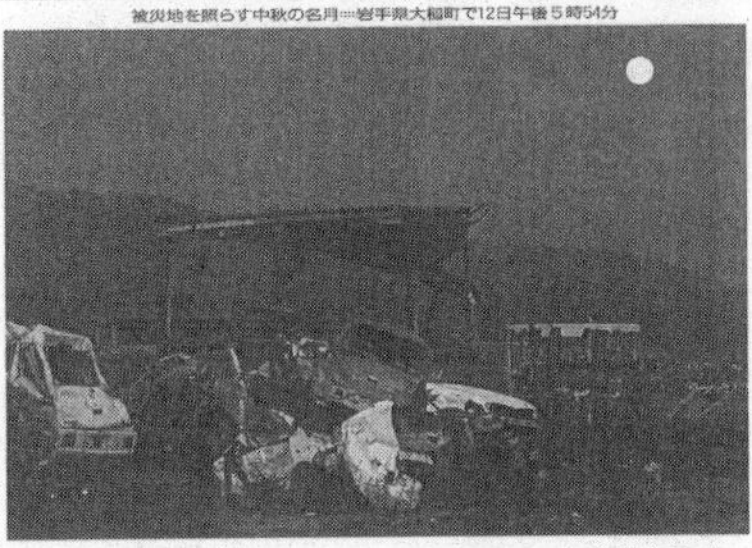

大震災半年

被災地に月明かり

12日は「中秋の名月」。東日本大震災の発生から半年が経過した被災地・岩手県大槌町でも、まだ傷痕が残る市街地を満月が照らした。

津波で壊滅した同町中心部には今も明かりが乏しく、月明かりが住宅跡に残る雑草とがれきを浮かび上がらせた。被災者は夜空を見上げ、輝く月に復興への思いを重ねているようだった。【小川昌宏、写真も】

名月と被災地の記事。９月13日の朝日新聞（上左）、読売新聞（上右）、毎日新聞（下）

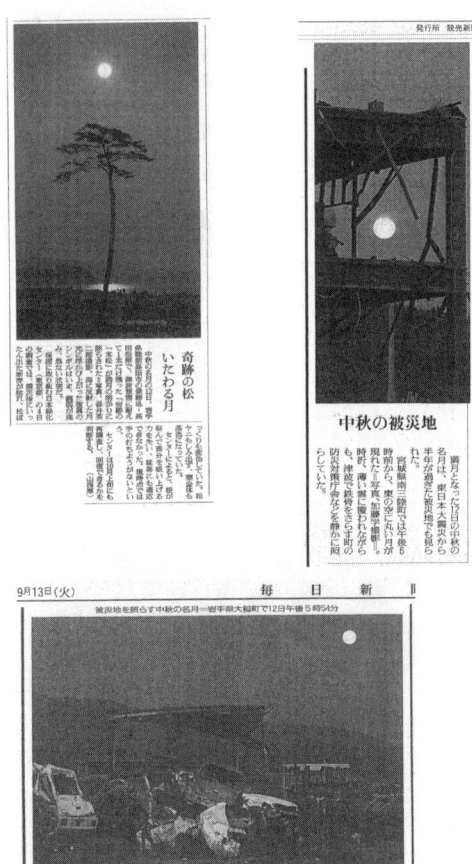

もちろん「たまたま同じニュースがあって、各社が取材に行って重なっただけ」ということもある。私の記者時代の経験でもそういうことはあった。しかし、それならせいぜい1、2回の掲載だけでいい。

かつて私が新聞記者だったころ（90年代前半）の話だ。社会部の泊まりで当番デスクの隣に座っていると、24時ごろに「交換紙」が届く。他社の新聞（早版）をお互いに交換するのだ。そこで他紙にそっくりのネタや、そっくりの写真が使われているのを見つけると、デスクはたちどころに機嫌が悪くなった。そして写真部と整理部（紙面レイアウト担当）に電話すると「ヨソさんと同じだよ！　何か替えないの？」と言って写真を差し替えさせた。まだ「他社と似たような」記事や写真が掲載されているのは「みっともない」という認識が社内で共有されていた。独自ダネを探す努力や独自性はもちろん、何の工夫もしていないのがわかるからだ。

津波で街を破壊された陸前高田市の人たちが、くじけないようにシンボルを探す心情は批判するようなことではない。一本松保護のボランティアグループもできたそうだ。必要だと思うのなら、どんどんそうしてもらえばいい。が、そうした地元の人の心情と、報道は議題が別だ。これほどまでに似たような記事を反復あるいは重複するのは、あまりに職業意識が低い。最低限の創意・工夫さえない。

なぜなら、この「津波に耐えて7万本の防潮林の中でたった1本生き残った松に生命力のたくましさを見習う」「逆境に耐え再生するお手本にする」という「心象風景上の物語」そのものが、極めて陳腐だからである。

「一本松」記事の原型は、ヒロシマの被爆に耐えて蘇り、花をつけた「被爆桜」である。現在は広島市役所などに株分けされて市民に親しまれている。そしてご想像通り、さんざんニュースダネにされている。こうした「先例」がマスメディアでさんざん語られていることは、案外報道業界内では重要だ。支局デスク、支局長、本社デスクはじめ誰もが（たとえ被爆桜という先例があることを思い出さなくても）掲載の必要性を問わない。「なんとなく」ニュース価値を認めてしまうのだ。報道業界のような「社内コンセンサス」でニュース価値が決定される業態では、この「先例があること」は案外大切なのだ。

しかし、こうした「古くからの先例があること」自体が「陳腐」とほぼイコールである。自然に心境を託するアナロジーが好きなのは「花鳥風月」を愛でる日本人の心的特徴としてわからないでもない。しかし被爆桜は1945年の話だ。それから66年、また似たような発想で「ニュース」だと思い込む。かび臭い話だ。

この「一本松」が観光資源に利用されていることは記事を見れば一目瞭然である。「京都の五山送り火の薪に」「表札にして松の再生資金に」「盆栽に」「枯れそうなのでクローンに」「やなせたかしが希望の歌に」と美談のオンパレードだ。キーホルダーだとか携帯ストラップだとか「一本松グッズ」まで売りだしたそうだ。

これでは、被災を観光資源化することに成功した土地が社会的注目を集めるという倒錯した現象を生んでしまう。私が取材した岩手県野田村は記者がほとんど入らず、村民は被災したうえに世間から見向きもされないという「二重の苦しみ」を味わっていた（詳しくは後述）。家族や家を失うことの苦しみに差があるはずがない。まして「グッズ」とか観光資源で「ニュース」に差が出るなど、あっていいはずがない。

そもそも「一本松」記事は、記者の所作として安直である。

この「一本松」をめぐる被災者のボランティアグループ「一本松プロジェクト」があるそうだ。それを取材する記者たちの行動は想像できる。取材先がはっきりしているので、ネタが無い時に「何かありませんか」と聞くのに便利だ。いったん名前が知られれば、東京で配られる紙面に載せる「被災地もの」の「ヒマだね」として便利だ。記事が薄いときに備えて数日寝かせることができるので、その日の当番デスクに感謝される

(なので、全国紙では、記事の薄い夕刊に掲載されることが多い)。東京の編集サイドにすれば、はっきり言ってしまえば「ニュースが薄い時の埋め草」なのである。

記者にすれば、自分の記事が「震災もの」として全国の紙面に載る。「これは全国ニュースです。掲載してください」とデスクを説得する必要もない。事件ものとちがってすぐに載せなくてはいけない急ぎ仕事でもない。誰も文句を言わない「美談」なので、批判や苦情、議論が沸騰することなど余波を考える必要がない。ストレスが少なく気楽だ。

そして、これが最大の魔力なのだが、記者は被災地の「復興」に協力したような気分を味わえる。書けば、地元の人は喜ぶだろう。そして記者にお礼を言うだろう。「一本松の記事、読みましたよ。いい記事ですね」と。市民も役所も「地元の味方」だと思うに違いない。いいことずくめである。

しかし、ここが落とし穴なのだ。「いいことをしたような気」になってはいけないのだ。「記者が現場の雰囲気に呑まれてしまう」典型的なパターンなのだ。こうした記者が送り出す記事を延々と読まされる地元以外の読者(数では地元以外が大半)はこの反復と重複にうんざりする。他紙やテレビと重なるので、もっとうんざりする。

記者にもダメージが大きい。「誰も見つけていない独自ダネ」「その記者でないと書けない独自の視点の記事」を記者が見つける努力が後回しになる。陳腐な「一本松」記事で仕事をしたような気になってしまうのだ。すべてが安直でお手軽であるがゆえに、この手の記事は記者にとってもマイナスである。

粗悪記事のタイプ別分類

こうした3．11報道で顕著になった、新聞テレビが陥っている粗悪な記事のパターンを私なりに雑駁に分類してみた。

(1) パクリ記事
(2) セレモニー記事
(3) カレンダー記事
(4) えくぼ記事
(5) 観光客記事

パクリ記事についてもう少し述べておく。「一本松」のような話は、記者たちに「パクリ」をしているという意識はない。私の経験では、こういう事態を業界内では「ネタがかぶった」という。「あくまで偶然」のような言い方である。もちろん、善意に解釈すれば、独自ダネのつもりでも出してみたら同じ記事が他紙にも出ていた、ということはある。あるいは、先に取材したのに他紙に先に出たということもある。

しかし、それは読者にとっては関係のない話だ。1紙に出た「一本松」が他紙にも出ていたら、それは「パクリ」に見える。同じ新聞に「一本松」や類似の「生き残り松」が延々と繰り返して出ていれば、「ネタの使い回し」に見える。それは非常に不名誉あるいは不面目な事態なのに、記者たちはそうした読者の感覚がわからなくなっている。

例えば、今では世界的に有名になった「手書きの新聞」＝「石巻日日新聞」はどういった経緯で「発見」され、パクられていったのか。

私が石巻日日新聞について初めて知ったのは、3月25日付読売朝刊の記事「石巻日日新聞　6日間の壁新聞」だった。いい記事だなあ、と最初思った。「輪転機が動かなくなり、それでもマジックの手書きで新聞を発行し続ける地元紙。久しぶりに新聞記事を読んで感動した。ネタ発見の勝利」。朝刊を読んですぐ、私はツイッターに書いた。

ところがこれがとんだ食わせ物。これはテレビ朝日「スーパーモーニング」で3月18日に放送していましたよ、とすぐにツイートが寄せられたのだ。しかも同月22日には朝日新聞社会部がツイッターで配信していた。

なんと3月22日付でアメリカのワシントン・ポスト紙まで記事にしていた。まったく笑うしかない。テレビ朝日→朝日新聞→アメリカの新聞→読売新聞と、同じネタがぐるぐる世界を回っていて、一体誰が最初に書いたのかもよくわからなくなってくる。

さらにタチが悪いのは、独自ダネのフリをした記事にまでそっくりの内容が出ているときだ。

絶句するのは、全国紙の1面にまったく同じ場所で撮影した写真が出ている時だ。たとえば5月8日、被災地の「母の日」を伝える朝日、毎日、読売の記事（9日付）を見比べてほしい。

朝日、毎日、読売と、全国紙3紙が「岩手県山田町の中村生花店」というテントで営業している花屋の写真を掲載しているのだ。場所がまったく同じであるだけではない。朝日、毎日にいたっては、映っているジャージの女性客まで同じだ。朝日はカーネーションを買っているところ、毎日は花束を包装紙で包んで帰るところ。右を向いているか

再開した仮設の生花店を訪れた少女は、白いカーネーションを手に取り、言葉少なに帰っていった
＝岩手県山田町で８日

ずっと　ありがとう

「母の日」の8日、津波で全壊した岩手県山田町の中村生花店では、色とりどりのカーネーションが並んだ。「被災した人のためにと、白いカーネーションもそろえられた。店主の中村勇二さん(49)は「早く店を再開してほしい」という要望を受け先月、駐車場にテントを張っただけの店を再開させた。
【写真・文　三浦博之】

に支払われる。だが、政治判断による停止への適用は明記されていない。

細野氏は「国策に協力いただいた自治体に継続して、しっかりと支えていただく仕組みを残さなければいけない」と指摘。「さらなる配慮ができないか考えたい」と、交付金の上積み考えも明らかにした。

細野氏は運転停止を要請した理由として、原子炉の冷却や消火に使う水を近くの川から取水する計画に確信が持てない▽福島第一原

感謝の白　母の日の８日、岩手県山田町にある「中村生花店」の仮店舗で、若い女性が白いカーネーションを買い求めていた。震災で母親を亡くした人のため、白い花を例年より多く仕入れたという＝福岡亜友撮影

亡き母へ　ありがとう

東日本大震災で全壊し、仮設店舗で営業を再開した岩手県山田町の生花店で、「母の日」の8日、被災者が震災で亡くなった母親に手向けるカーネーションを買い求める姿が見られた。

「中村生花店」店主の中村勇二さん(49)は、親戚宅があった土地を借り、震災1か月後から母親チヤさん(75)と営業を再開。白、赤、ピンクのカーネーション300本ほどを仕入れた。自宅が全壊し、両親と兄を失った同町、会社員内舘信行さん(33)は、土台だけが残る自宅跡にカーネーションを供え、「母に『今まで本当にありがとう』と伝えたい」と手を合わせた。

同じ花屋で取材した母の日の記事。５月９日の毎日新聞（上）、朝日新聞（中）、読売新聞（下）

左を向いているかだけの違いでしかない。店のマスクの女性も同じだ。

つまり朝日の記者と毎日の記者は「被災地の母の日」を取材するのに、青森から千葉まで、500キロ以上の長さがある被災地の中から、まったく同時にまったく同じ場所に並んで写真を撮影し、記事を書いたということだ。目眩がしそうな話だ。ここまで発想が凡庸だと、この紙面に対価を払う価値があるのか真剣に怪しくなる。

読売の記者は、時間が若干ズレたようだ。朝日、毎日が遠くから望遠レンズで引いて瓦礫を背景に入れた「気の利いた写真」を撮っているのに比べると、横並びのうえにヘタな写真で、まったく救いがない。

宮城県気仙沼市で、カツオの水揚げに備えて製氷会社が準備をしている、という記事（次頁）。これも朝日（6月15日付夕刊）と毎日（17日付夕刊）は同市の「岡本製氷」というまったく同じ会社に取材に行って、ほぼ同じ写真を撮影、掲載している。人物が右手に入っている（氷の大きさの指標）構図までそっくりだ。

そしてカツオの水揚げが始まると、読売、毎日、朝日とまったく同じような写真が並ぶ（6月28日付夕刊・36頁）。なぜカツオの水揚げがそこまで3．11報道で重要だと新聞が判断するのかまったく理解できない。それまで毎年「カツオ初水揚げ」記事を繰り

カツオの水揚げに備えて製造された氷の山と岡本貴之専務＝14日、宮城県気仙沼市、吉本美奈子撮影

カツオの鮮度 守りは万全

津波で被災した宮城県気仙沼市で、氷づくりが進んでいる。気仙沼魚市場の仮復旧が今月下旬に予定されており、震災後初のカツオ水揚げに向け、保冷庫に氷が積み上げられている。

気仙沼魚市場は生鮮カツオの水揚げが14年連続で日本一。「何としてもカツオの水揚げに間に合わせたかった」。岡本製氷の岡本貴之専務(29)は、津波で生産不能になった工場の復旧に全力を挙げ、5月中旬に1日60トンの製氷ができるまでにこぎ着けた。

魚市場では、水揚げを1日50トン程度から始め、今秋までに300トンに増やす計画。カツオ1トンの出荷には氷1.2トンが必要という。　（掛園勝二郎）

カツオ漁に備え氷200トン 気仙沼

宮城県気仙沼市でカツオ漁に欠かせない保冷用の氷の生産が進んでいる。市内の港近くの製氷会社「岡本製氷」は津波の被害を受けたが、5月半ばに一部の工場で水道や電気が復旧し、生産を再開。保冷庫には200トンあまりの氷が積み上げられている＝写真。岡本寛社長は「魚市場の冷蔵庫が壊れたので氷が必要。別の大きな工場で生産を再開したいが、電気がまだ通じていない。カツオ漁が再開すると需要が増えるので何とかしたい」と話す。

町中が期待しているカツオ漁の再開だが、カツオの群れが近づかないという。6月中旬を予定していた漁港再開も遅れている。【写真・文　小林努】

6月15日の朝日新聞夕刊（上）、17日の毎日新聞夕刊（下）

返していたので、何も考えずに惰性で震災記事にしてしまったようだ。この「カレンダー記事」はまた別途論じる。

朝日と読売は、カメラの立ち位置、望遠レンズの引き具合まで同じだ。毎日にしても、反対側から同じ場面を撮っているだけで「同じネタ」（カツオの水揚げ）、「同じ場所」（気仙沼の魚河岸）を取材に行く発想が凡庸なことには違いがない。

もうウンザリかもしれないが、3．11報道がどれほど劣化しているか見てもらうために、もう少し続ける。

「岩手県大船渡市など三陸沖でボランティアダイバーが漁港などのがれき撤去を手伝っている」「ボランティアダイバーが見た津波で沈んだ生活用品」。

これは時事通信（6月16日）→毎日新聞（6月21日夕刊）→朝日（6月25日夕刊）と使い回している（37頁参照）。いうなればダブルパクリである。

悪気がないゆえの罪

なぜこんな劣悪な記事が延々と、しかも1面で繰り返されるのだろう。

かつて「向こう側」の新聞社の記者だった私としては、彼らの感覚が想像できる。

毎日新聞

生鮮カツオ下支え

気仙沼・出荷用ケース業者

震災後 初水揚げ

気仙沼 入札で高値

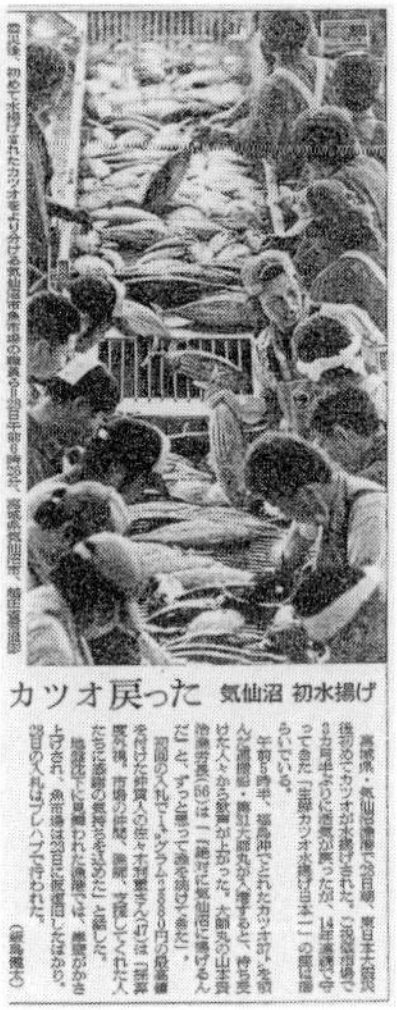
カツオ戻った 気仙沼 初水揚げ

気仙沼港にカツオ戻る

年連続で生鮮カツオの水揚げ日本一を誇る宮城県気仙沼漁港で28日朝、東日本大震災後初めてカツオが水揚げされ魚市場は大勢の買い人らで活気づいた。

この日水揚げされたのは35㌧。前日まで太平洋の沖合で漁をしていた静岡県沼津市船籍の巻き網船が漁獲したもので、2～3㌔の中型カツオが8割を占めた。仲買人らは「身がもっちりと締まり、脂の乗りもいい」と高評価。1㌔あたりの最高値が330円と、ご祝儀相場で取引された。

同港は津波で冷凍施設などが損壊。地盤沈下の被害もあり、盛り土して23日にようやく再開にこぎつけ、この日が初の水揚げとなった。気仙沼漁協の佐藤亮輔組合長(70)は「気仙沼の復興の一歩にしたい」と目を潤ませながら話した。

カツオの水揚げ記事。６月28日の毎日新聞夕刊（上）、朝日新聞夕刊（左）、読売新聞夕刊（下）

漁港の海底から漁具などを撤去する佐藤寛志さん＝岩手県大船渡市で

営み 引き揚げる

被災漁港にボランティアダイバー

震災で津波被害を受けた岩手県大船渡市などの漁港で、ボランティアダイバーらが海底に沈んだ漁具や生活用品を引き揚げている。

三陸地方の基幹産業を支える漁港の多くは、岸壁の沈下や津波によるがれきのため漁船の航行が困難な状態が続く。同県花巻市のダイビングガイド、佐藤寛志さん(37)が、海への思いと漁師たちからの依頼で始めた取り組みで、国内外のダイバーが協力している。

漁港の海底は水温12～13度で、視界は場所によっては数十センチ。津波で運ばれた陸上の泥が積もり、崩れた岸壁やがれきが積み重なっている。毎日、十数カ所の漁港を順番に作業しているが、終了した場所はなく活動は続く。佐藤さんは「ボランティアが三陸の海産物のファンになれば相乗効果が期待できる」と話している。【写真・文 三村政司】

漁港の底に沈む㊧傘 ㊨おもちゃ

港の中に沈む漁具や生活用品などを回収するボランティアダイバー＝岩手県大船渡市の綾里漁港、伊藤恵里奈

ダイバー 海へ恩返し

ボランティア、三陸でがれき撤去

東日本大震災の津波で壊滅的な被害を受けた三陸沿岸で、全国から集まったダイバーが海のがれきを撤去し、漁場を調べ、漁師の復興を後押ししている。

岩手県大船渡市の綾里漁港で朝、岸壁から5人のダイバーが海に飛び込んだ。水深約5メートル。ヘドロが舞って1メートル先すら見通せない。2組に分かれて海底のがれきを探索した。大きな漁具に作業船で回収するための目印を付け、小さながれきは手で持ち上げた。作業は約1時間続いた。

「海が好き、という共通点だけで集まってくれる。初対面の人がほとんど」と話す佐藤寛志さん(37)は三陸や海外でダイビングのガイドをしている。漁師に「潜ってがれきを上げられないか」と頼まれ、黒い油が浮いた海での作業を4月下旬に始めた。

ブログに「水中清掃活動ボランティア募集」と書き込むと翌日には東京のダイバーが合流。伊豆半島やタイ、モルディブからも駆けつけた。集まったダイバーは延べ約120人に上る。ダイバーらは沖の漁場でワカメが生い茂る様子をビデオに撮って漁師を安心させた。沿岸の他の地域からも呼ばれるようになった。

同県山田町で海中の遺体を捜索したり、宮城県気仙沼市で養殖施設を整備したりするグループもある。

綾里漁港の地元漁師宮理孝一さん(58)は「我々も負けていられないと発奮した」。当初は遠目に見守っていた漁師たちも一緒にがれきを引き揚げるようになったという。

（山西厚、伊藤恵里奈）

朝日新聞デジタルに動画

被災地のダイバー記事。６月21日の毎日新聞夕刊（上)、25日の朝日新聞夕刊（下)

実は、彼らに「マネ」「パクリ」という意識はない。悪気がないからこそ、延々と同じことを繰り返す。彼らのロジックでは「他紙には出ている」「地元では知らない人はない有名な話」でも、「他紙やテレビ局はないものとみなしていい」(=わが社ではやっていない=わが社の読者だけ知らないわけにはいかない)、「地元紙には出ているが、東京や他の地域では知られていない」(ネットやテレビでがんがんやっていても無視してよい)という「1社ごとに閉じた世界」ができあがっているからだ。

善意に解釈してやれば、役所や市民団体が同時に発表した、あるいは広報資料を配ったが、取材や掲載がズレただけかもしれない。記者が抵抗しても「ウチだけ出てないのはマズいだろう」「カッコ悪いけど出しておこうよ」と上司が言うのかもしれない。「社内的」にはそれで問題ないことになっているのかもしれない。

だが、ここからが致命的なのだが、彼らは「読者が自分たちの記事をどう認識するか」を甘く見ている。あるいは「社内でどう認識されるのか」より「読者がどう認識するか」を低位に置いている。いくら社内では許されようが、他紙に出ているものと同じ記事が延々と繰り返されるのを見て読者は「これはパクリだ」「マネじゃないか」と認識する。「情報」は「ほかにない稀少性」があるからこそ「ニュース」としてカネを出して買う商品価値を持つのだ。これは商業としては反道徳的ですらある。

情報の世界で重要なものは「事実」ではなく「認識」である。つまり本当に重要なのは「読者が新聞をどう認識しているか」なのだ。3．11報道で新聞が媒体としての価値どころか信用すら失っていることを考えれば、これは致命的な失敗なのだ。

タネ明かしをしてしまうと、こうした手法は記者たちがずっとやってきたことでもある。他紙やテレビが報じた話を知らん顔してまた記事にする手法は、一県内だけに配布される「地方版」「県内版」では日常的に行われているのだ。「一本松」「カツオの水揚げ」的な話は、地方版なら全国どこでも行われている新聞的な手法なのだ。それが3．11という全国ニュースでも無自覚に繰り返されている。無自覚だから、悪気がない。批判されても、記者たちは「ずっとやってきていることなのに、どうして急に悪く言われるようになったのだろう？」と戸惑うだけだ。

こうして全国の人々がパクリ記事を延々と読まされるハメに陥っている。

セレモニー記事とは何か

（２）の「セレモニー記事」に移ろう。これは、ニュースの取材対象を企業や官庁やそのほかの組織や団体が設定した「式典」「儀式」「式」つまり「セレモニー」を主題に据えた記事のことだ。宗教的な行事や祭りもこの「セレモニー記事」の一種と言える。

まず実例を見てほしい。5月26日付朝日、読売、毎日新聞の紙面である。「福島第一原発から20キロライン内側の福島県浪江町、双葉町（警戒区域＝全員避難、立ち入り禁止）の住民の一時帰宅」の記事だ。

お分かりのように、朝日も読売も毎日も、まったく同じ場面を同じ方向から撮影して掲載している。左の法服の僧侶も合掌する人たちもまったく同じ。シャッターを押したタイミングも同じなのだろう。撮影場所はおろか撮影時間（「冒頭5分でお願いします」などという撮影時間の設定は珍しくない）さえあらかじめセットされていた可能性が高い。

誰が主催者なのか分からないが、これらの写真から以下のことが推測できる。

（イ）「住民が強い放射線のため立ち入り禁止になっている家に帰り、犠牲者の冥福を祈る」セレモニーを誰かがセットした。

（ロ）新聞やテレビなど各社に広報した。

（ハ）記者たちを招き、当日は現場に誘導した。

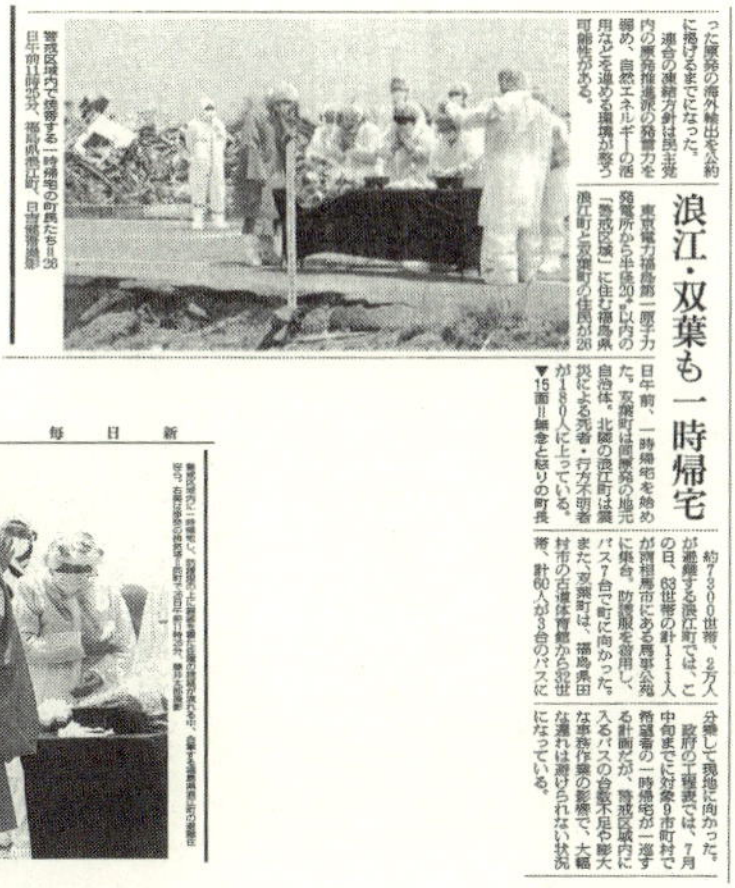

った原発の海外輸出を公約に掲げるまでになった。

連合の凍結方針は民主党内の原発推進派の発言力を弱め、自然エネルギーの活用などを進める環境が整う可能性がある。

浪江・双葉も一時帰宅

東京電力福島第一原子力発電所から半径20キロ以内の「警戒区域」に住む福島県浪江町と双葉町の住民が26日午前、一時帰宅を始めた。双葉町は同原発の地元自治体。北隣の浪江町は震災による死者・行方不明者が180人に上っている。

▼15面＝無念と怒りの町長

約7300世帯、2万人が避難する浪江町では、この日、63世帯の計111人が南相馬市にある馬事公苑に集合。防護服を着用し、バス7台で町に向かった。また、双葉町は、福島県田村市の古道体育館から32世帯、計60人が3台のバスに分乗して現地に向かった。

政府の工程表では、7月中旬までに対象9市町村で希望者の一時帰宅が一巡する計画だが、警戒区域内に入るバスの台数不足や膨大な事務作業の影響で、大幅な遅れは避けられない状況になっている。

警戒区域内で読経する一時帰宅の町民たち＝26日午前11時25分、福島県浪江町、日吉健吾撮影

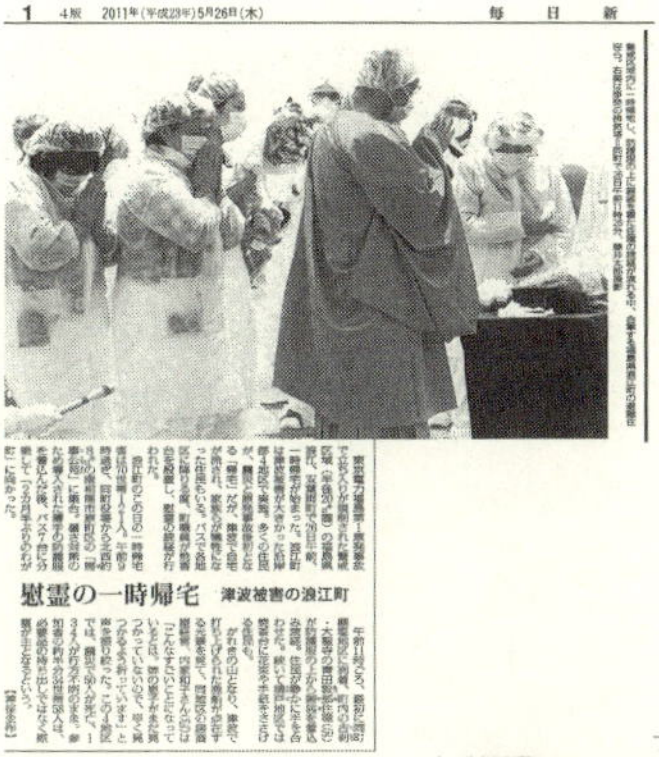

1　4版　2011年(平成23年)5月26日(木)　毎　日　新

慰霊の一時帰宅　津波被害の浪江町

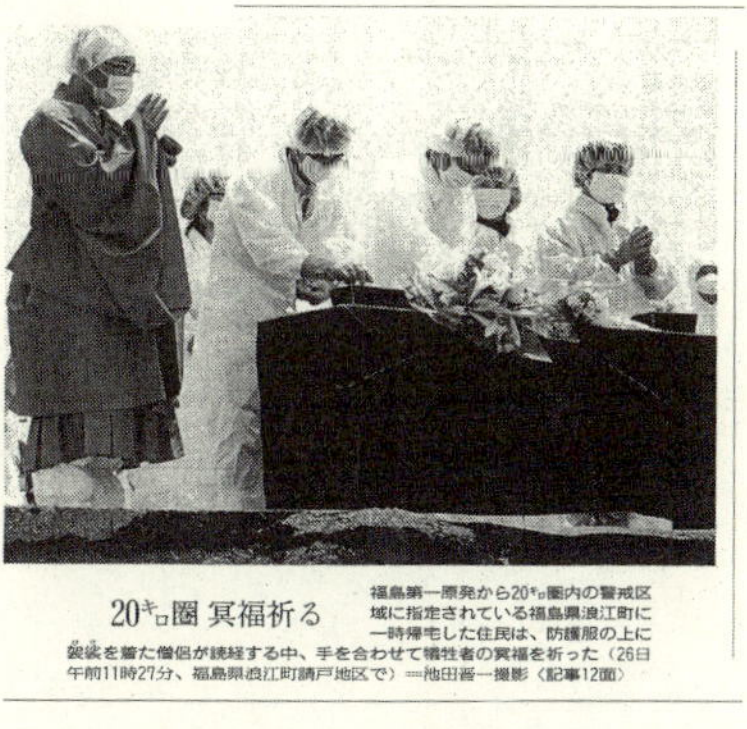

20キロ圏 冥福祈る

福島第一原発から20キロ圏内の警戒区域に指定されている福島県浪江町に一時帰宅した住民は、防護服の上に袈裟を着た僧侶が読経する中、手を合わせて犠牲者の冥福を祈った（26日午前11時27分、福島県浪江町請戸地区で）＝池田晋一撮影（記事12面）

一時帰宅の記事。５月26日の朝日新聞夕刊（上）、毎日新聞夕刊（中）、読売新聞夕刊（下）

（ニ）映像記者たちは指定された撮影場所に立ち、動画や写真を撮影した。

（ホ）広い浪江町の中から、がれきの荒野が背後に広がる「フォトジェニックな場所」を選んで祭壇を設定した。

つまり、この「慰霊式」そのものが「誰か」（行政、警察、東京電力などが考えられる）がマスコミと取材対象である住民をコーディネイトした「報道用セレモニー」だった可能性が高い。

こうした浪江町の慰霊式のような「報道機関がいなければ、存在しなかった現実」「マスコミ取材用につくられた現実」のことを「メディア・イベント」と呼ぶ。特に「写真や動画撮影用に用意された現実」のことを英語で〝photo opportunity〟、略して〝photo op〟（フォトオプ）と呼ぶ。私の経験では、フォトオプに依存して記事をつくることは「記者として程度が低い」と考えられている。私も朝日新聞社に在社した頃は「式典の記事なんか書くな」とデスクや先輩に厳命された。

入社1〜3年目で、まだネタを探す方法がよく分からないうちは、記事にするネタのない日が多々ある。紙面に貢献しないとだんだん申し訳ない気持ちになる。すると、役所や警察の設定したセレモニーを記事にすることが多くなる。

「名古屋市の繁華街でミス木曽川が交通安全を呼びかけるチラシを配った」「三重県出身の横綱が1日署長」とか、そういう記事だ。そうしたセレモニー記事が出ていると「ネタがなくて苦しかったのだね」とか「新米記者だから幼稚だね」と他社の先輩記者に小馬鹿にされた。

悲劇よりも「イベント」を報道

セレモニー記事は、記者が能動的に探してきたネタではない。行政や警察などが用意した現実を受け取り、報道する。作業が受動的なのだ。

ここでは、報道のアジェンダ（社会が何を議論すべきかという議題）を取材先（＝県庁、市町村役所、警察など）が決めている。本来、アジェンダを決めることこそが、報道の責務なのだ。その「アジェンダ・セッティング」を、報道は放棄している。セレモニー記事は報道に「受け身」で「能動的にネタを探さない」ことを習慣づけてしまう。「取材先からネタをもらう」のだから、取材先に心理的に借りができる。考えてみれば、これはものすごくリスクの高い罠だ。

誘惑は強い。手配が簡単だ。短時間の取材、少ない取材人員で紙面が埋まる。つまり低コストだ。しかも写真が絵になる。記者やデスクが飛びつきやすい。「今日はトップ記事がない」「きょうは写真ものがない」と憂鬱なデスクは、まるで砂漠で冷たい湧き水を見つけたかのように吸い寄せられる。効率的、能率的という点で、セレモニー取材には誘惑がある。もちろん、セレモニーをセットする側は、そういう報道側の力学は承知でやっている。「こうした方がお互いにとっていいでしょう」と善意でセットしてくることだって多々ある。この「誰も悪いことをしているつもりがない」点が怖い。

しかし、報道が原義のジャーナリズムであるためには、能率や効率が最優先にされてはいけないことがある。手間暇がかかっても、独自のネタを発掘し、それを深く掘り下げる作業が必要なニュースはある。世界最悪の原子力発電所事故で住民が故郷を追われることが、そのニュースでなくて、何だろう。

つまりセレモニー記事は「発表記事」の中でもいちばん破壊的なのである。

前述の新聞記事と同時にインターネットで朝日新聞が公開したニュース画像を見てみよう。浪江町の一時帰宅では「漁船が転がるがれきの荒野を歩く防護服の住民」「急ごしらえの道端の祭壇で祈る防護服の住人」など、世界のどこにも出現したことのない強烈な光景がたくさんある。なぜこれほどの撮影のチャンスがありながら、わざわざフォトオプでしかない慰霊式の写真を３紙がそろって使っているのか。まったく唖然とするほかない。

このニュースの本質は「福島第一原発事故の被災住民が放射能で帰ることのできなくなった我が家への一時帰宅を果たした」ことである。「原発事故で、防護服やマスク、ゴム手袋に靴カバーで重装備した姿でなければ我が家に帰ることができない」という、チェルノブイリに匹敵する世界史的な悲劇が、なぜ「慰霊式」などというマスコミ用に用意されたイベントによって象徴されるのか。これはニュース感覚の倒錯である。

不自然さが漂う放射線量測定の様子

こうした「セレモニー取材」に依存する悪癖が身につくと、今度は症状が悪化して「何でもセレモニー取材で記事を済ませる」から「セレモニーが用意されないと問題にも気づかない」というふうにニュース感覚が退化していく。「能動的に問題がないかニュースを探す」態度が「受動的にニュースを与えてもらう」態度へと後退するのだ。

例えば「福島市が独自に放射線量を測定し始めた」という記事（６月17日付朝日夕刊、18日付読売）。

よく見ると、ロングヘアの女性（午前中に撮影した朝日は傘をさしている）と男性のペアがまったく同じ二人組だ。朝日の写真では背後にカメラマンが右往左往している姿が映っているから（他社のカメラマンが映っている写真など最低なのだが）、これはカメラマンや記者を集団で集めた報道用のセレモニーだったことが分かる。

読売の写真は男女の並びが不自然だ。線量計を持った男性を中心に、読売のカメラ記者が男性の右、記録係の女性が左にいる。男性が測定し、女性が記録するなら、朝日の写真のように向かい合うのが自然だ（そもそも測定・記録係の二人も必要なのか疑問だが）。こうなると、測定は「ふりだけ」かもしれない。市内で１０４５ヶ所を測定したということだから、この男女だけではなく数十組の測定ペアあるいは一人だけの測定者が市内に繰り出しているのだろう。

なぜ各紙揃ってこの男女なのだろう。朝日、読売のほか「朝日の写真に映っているジャケットのカメラマン」と最低3人は群がっているのだ。「マスコミの撮影注文にこたえる二人」としてこの男女ペアは用意され、広報された可能性が高い。

しかし、本当に深刻な問題はそうした報道用セレモニーに写真が集中していることではない。「福島市で独自の放射線測定が始まる」という事実の背後にある本質的な問題

福島市内1045カ所
放射線測定開始

東京電力福島第一原発の事故前に比べ、30倍程度の空間放射線量が続いている福島市で、公共施設や不特定多数の人が利用する場所を対象にした全市一斉の放射線測定が17日、始まった。市職員がこの日と20日

福島市で始まった一斉放射線測定＝17日午前9時50分、福島市桜木町、金子淳撮影

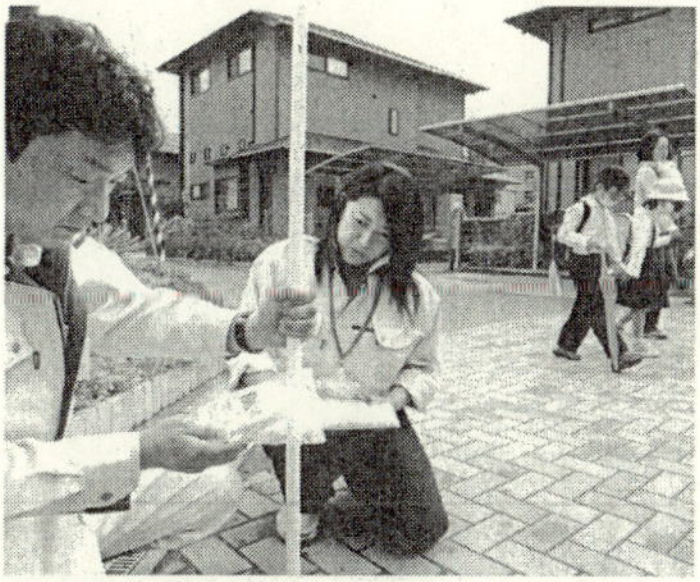

福島市内の繁華街や住宅地などで行われた放射線の測定（17日午後）＝小林武仁撮影

福島市
放射線
2日

福島市は17日
で放射線量の
めた。東京電
発の事故以来、
所で測定して
20㌔圏の警戒
射線量の高い
住民に不安が
ことから、調
45か所に増
　この日は、公
側溝など53
定。残りの地
り、今月下旬
で結果を公表

放射線量測定のセレモニー記事。6月17日の朝日新聞夕刊（上）と18日の読売新聞（下）

点は他にあるのに、それが見逃されていることである。

福島市は、政府が設定した「放射能危険地帯」の境界30キロラインの外側であり、避難や屋内退避はない。しかし放射性降下物（死の灰）は風に乗ってランダムに散り、福島市でもホットスポットができ始めていた。つまり「福島市が独自の放射線測定を始めた」ことはニュースではない。「本当のニュース」のポイントは「自治体が危機感を持って独自の測定を始めるほど政府の対策は不十分だ」という点である。

「福島市が独自の放射線測定を始めた」という事実は単なるきっかけ、玄関口にすぎない。玄関のドアを開けて中に入れば、「本質」が山積みになって待っている。言い方は悪いが、まさに「中は世界の歴史に残るニュースの宝の山」なのだ。

ところが、新聞もテレビも、玄関のドアを眺めて写真に撮り、開けてみようともせずに帰ってしまう。奥行きがない。分析も視点も何もない。平面的で、二次元的である。「浅薄」になるのも道理である。

事態の深刻さが伝わらない

こうした「セレモニーという玄関口までしか行かず、ニュースの山を見逃して帰る」

という作業を繰り返しているうちに、同じような幼稚なミスを繰り返して、もう誰もそれに気づくことすら、なくなる。6月27日の朝日、読売の夕刊を見てみよう。

またしても、目を覆いたくなるような酷似した写真。同じ男性、同じ角度からのショットである。

場所は千葉市の放射線医学総合研究所。事故現場の福島県を遠く離れた首都圏である。記者やカメラマンが殺到したのだろう。朝日、読売とも測定機器の鏡に右往左往する記者やカメラマンが写っていて、間抜けである。

そして、モデルにされた研究所職員の男性がのんびりした顔をしていて、緊張感も何もない。シリアスなニュースが拙劣な写真でぶち壊しになる例である。案内役の総務担当職員が「これが測定装置です」と案内したところ、記者たちに「ちょっとモデルやってください」と頼まれたのだろう。職員は被曝したわけでも被災したわけでもないだろうから無理もない。私もよく新聞社時代は案内役の職員を写真のモデルにした。

ここでも本当のニュースは「内部被曝を測定する装置」ではない。「外部被曝とは別に『内部被曝』という危険があり、その点も考慮しなければ、放射線の危険を本当に明らかにしたことにはならない」という点である。

11年（平成23年）6月27日　月曜日　朝日新聞（夕刊）

内部被曝 追跡始まる

30年調査 まず10人、放医研に

東京電力福島第一原子力発電所の事故による福島県民への放射線の健康影響を見守る調査が27日に始まった。当面は空間線量が比較的高い浪江町、川俣町、飯舘村の3町村の住民120人を対象に予備調査を実施。体内に取り込まれた放射性物質による内部被曝《ひばく》がどの程度あるのかを確認し、本格調査の手法を検討するという。

▼10面＝不安抱える住民

調査は30年以上にわたって追跡する見込みで、これほど長期で大規模な取り組みは例がないという。

内部被曝は放射線医学総合研究所（放医研、千葉県）で計測する。初日のこの日は浪江町の30～67歳の男女10人が早朝、バスで放医研に向けて福島県を出発。正午前に放医研に着いた。予備調査で行うのは全身の被曝線量を測る「ホールボディーカウンター（WBC）」による検査など3種類の実測検査と尿検査。このほか、行動調査もする。本格調査の内容を固めるための先行調査という位置づけだ。

内部被曝は放射性物質を含む空気や水、食品を吸ったり飲食したりして起こる。体内に取り込まれた放射性物質は、放射性ヨウ素のように半減期が約8日と短いものは別として、尿や便などで排出されるまで長期間、体内にとどまる。ヨウ素は甲状腺に集まりやすい。ストロンチウムはセシウムに対して一定の割合で存在し、骨に集まりやすい。

内部被曝線量は、成人の場合は50年間、子どもの場合は70年間にわたり、体内の放射性物質から被曝するであろう線量を推計する。

放医研での調査は7月中旬までかかる見通し。並行して3町村の約2万8千人に問診票などを郵送する。

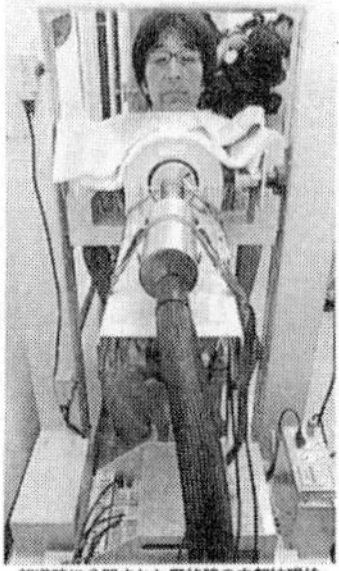

報道陣に公開された甲状腺の内部被曝検査。被験者は放医研の職員＝27日午前、千葉市稲毛区の放医研、吉本美奈子撮影

前例なし

《解説》事故から3カ月。福島県民の健康調査がようやく始まった。しかし、今回は予備調査で、調べる放射性元素は放射性ヨウ素とセシウムだけだ。長年、影響が続く可能性のあるストロンチウムなど他の放射性元素は調べない。

検査の精度も十分とは言えない。原発作業員が放射線医学総合研究所で検査を受ける場合、必ずホールボディーカウンター（WBC）検査も尿検査も、1週間ほどの時間をおいて最低2回は行う。1回目よりどれぐらい減るのかをみることで、元々の被曝《ひばく》線量の推

内部被曝 調査始まる

浪江など3町村 先行で120人

東京電力福島第一原子力発電所の事故を受け、8月から全県民約200万人を対象に健康調査を計画している福島県は27日、警戒区域や計画的避難区域に指定されている浪江町、飯舘村、川俣町山木屋地区の住民計約2万8000人を先行し、被曝《ひばく》線量の調査を始めた。

このうち、浪江町の31～67歳の男女10人が、同県が依頼した千葉市の放射線医学総合研究所（放医研）を訪れた。午後から、全身を測定する「ホールボディーカウンター」（WBC）を使った検査と、尿検査の両方を実施する。同県は、この10人を含む120人を3町村から抽出して放医研で検査を行い、結果を基に、内部被曝線量を簡単に調べる手法を確立したいとしている。

同県が計画している健康調査は、問診票を使った被曝線量の推計調査。27日始まった調査も、120人以外は問診票が中心となる。

また、放医研は同日、検査機器を公開した。

公開された検査機器は、体表面から出る放射線を検知する「体表面汚染モニター」、体の内部全体から放射性セシウムのベータ線を検知する「WBC」、甲状腺からの放射性ヨウ素のベータ線を検知する「甲状腺モニター」の3種類。

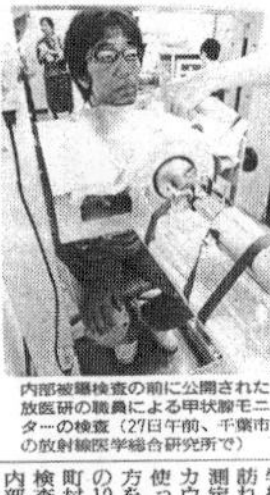

内部被曝検査の前に公開された放医研の職員による甲状腺モニターの検査（27日午前、千葉市の放射線医学総合研究所で）

内部被曝調査の記事。6月27日の朝日新聞夕刊（上）と読売新聞夕刊（下）

ここでも報道は「ニュースの本質」に触れることはない。「内部被曝の追跡が始まりました」「測定装置はこんな外見です」という玄関のドアだけを見て帰ってしまう。

はっきり言ってしまえば、「内部被曝測定装置がどんな外見をしているのか」は実はニュース価値は低い。が、写真撮影の機会がセットされることで、報道がそちらに引きずられて、本質から注意がそれてしまうのだ。

松本龍暴言事件

こうした「セレモニー取材」が記者の緩みを招いた例として、松本龍復興担当大臣の暴言事件を挙げよう。

７月３日に訪問先の岩手県庁や宮城県庁で「知恵を出さない奴は助けない」「（報道陣に向かって）今のはオフレコ。書いたらその社はおわり」等の暴言を吐いて辞任せざるをえなくなった松本龍復興相の言動を、新聞各紙が最初どう報道していたかを点検してみた。これが典型的な「セレモニー」であることに気づいた。そして驚いたことに、朝日、読売、毎日とも松本発言を初報で「問題だ」と認識した形跡がまったくなかった。

当時の記事をふり返ると朝日新聞は、岩手でサッカーボールを「キック」する松本大臣の写真（典型的なフォトオプ＝メディア用撮影行事）をつけた記事に、なぜか「暴言」については「冗談めかして話した」などと、批判を薄めて記述している。批判するなら、大臣がキックするフォトオプ写真など使わない。記事の「設計」からして、そもそもねじれていてヘンだ。

可能性としては二つ考えられる。（1）朝刊締切の4日未明段階では「暴言として問題になるかどうか」判断がつかなかった、（2）朝刊締切直前に騒ぎが広がり始めたので、仙台または盛岡から出稿された「セレモニー記事」に「暴言」の内容を後から仙台あるいは東京本社が書き足した。

いずれにせよ、朝刊締切の時点では批判していいのかどうか、判断がつかなかったようだ。「これは暴言だ」と判断したなら、その社だけでも批判するのが常識的な判断なのだ。が、こういうとき、新聞社では別の計算が働く。1社だけ批判して他社が問題視しない「ウチだけ突出した結果」になると、後で松本大臣側、あるいは政府側から逆襲される。「この非常時に細かいことで騒ぐな」と読者から反発を食う。

いずれにせよ、論点がはっきりしない。煮え切らない。中途半端な記事である。批判しているのかどうかすらわからない。「とりあえず載せておきました」という弁明が聞

第3種郵便物認可　朝刊

松本復興相　被災地で放言

「知恵を出さないやつは助けない」「何市がどこの県か分からない」

松本龍復興担当相は3日、東日本大震災の被災地である岩手・宮城両県を訪ね、両県知事と会談した。前日の福島県に続く就任後初めての被災地訪問だが、被災者の感情を逆なでしかねない発言を連発した。週明けの国会で野党が追及する可能性もある。

最初に訪れた岩手県庁の玄関前では、衛藤征士郎・衆院副議長からもらったというサッカーボールを持ち出し、「キックオフだ」と達増拓也知事に蹴り込んだが、達増氏は取り損ねた。

会談では、仮設住宅の要望をしようとする達増知事の言葉を遮り、「本当は仮設はあなた方の仕事だ」と指摘。仮設住宅での孤独死対策などの国の施策を挙げ、「国は進ん

「がんばれ東日本」などと書かれたサッカーボールを達増拓也・岩手県知事めがけて蹴る松本龍復興担当相＝3日、岩手県庁

したところは助けるが、知恵を出さないやつは助けない。そのくらいの気持ちを持って」と述べた。また、「九州の人間だから、東北の何市がどこの県とか分からない」と冗談めかして話した。

午後に訪問した宮城県庁では、応接室に後から入ってきた村井嘉浩知事に「お客さんが来る時は、自分が入ってか

しては「県でコンセンサスをとれよ。そうしないと、我々は何もしないぞ」などと厳しい口調で注文をつけた。

松本氏は防災相から引き続き震災対応に当たることもあって村井氏は面会後、記者団に「地元のことをよく分かっている方が大臣に就任して喜んでいます」と述べた。しかし、ある県幹部は「被災地に

被災地復興「知恵を出さないヤツは助けない」

松本復興相

松本復興相＝写真＝は3日、岩手県庁で達増拓也知事と会談し、被災地の復興について「知恵を出したところは助けるけど、知恵を出さないやつは助けない。そのくらいの気持ちを持って」と述べた。また、「九州の人間だから、（被災地の）何市がどこの県とか分からん」と冗談めかして発言した。

その後訪れた宮城県庁では、村井嘉浩知事が後から部屋に入ったことについて、「お客さんが来る時は、自分が入ってから呼べ」と語った。同県が重点的な漁港整備を要望していることについても、「県でコンセンサスを得ろよ。そうしないと我々何も知らんぞ」と述べた。

復興相「被災地の知恵合戦だ」

主体的取り組み要請

岩手・宮城知事と会談

松本龍復興担当相は3日、就任後初めて岩手、宮城両県を訪ね、達増拓也岩手県知事や村井嘉浩宮城県知事と両県庁で個別に会談した。松本氏は達増知事に対し「知恵を出したところは助け、知恵を出さないやつは助けない。そのぐらいの気持ちを持ってほしい」と述べ、復興政策には被災自治体の主体的な取り組みが不可欠との認識を示した。

松本氏は宮城県の村井知事との会談で、同県が復興計画案で掲げた漁港集約方針に水産業者が反発している問題に言及。「県でコンセンサスを得るべきだ。そうしないと我々は何もしない」と語り、

松本復興相暴言の記事。7月4日の朝日新聞（上）、読売新聞（下左）、毎日新聞（下右）

こえるようだ。

読売はもっと意味不明である。大臣の発言がそのまま書いてあり、後に問題になった「暴言」部分はちゃんと記されている。しかし、批判していいのかどうか判断がついておらず生煮えだ。

毎日に至っては、完全に方向を反対に間違えた記事を掲載した。暴言部分を引用したまではいいのだが「復興政策には被災自治体の主体的な取り組みが不可欠との認識を示した」「宮城県内の意見集約を要請した」「これからは知恵合戦だ（見出しにも引用）」と強調した」と、わざわざ地の文を書き足して「暴言色」を薄めている。これではまるで「暴言ロンダリング」だ。

この3紙しか読んでいない読者は大臣の暴言を見過ごしていた可能性が高い。しかし新聞にとっては厄介なことに、インターネットのおかげで、朝刊が届く前の4日未明には、私も含め多くの読者は、松本龍が宮城県庁でどんな言動をしたのか、動画で知っていた。

地元テレビである「東北放送」（TBS系）がローカルニュースで流した映像がユーチューブで視聴可能だったからだ。知事が先にいて客を迎えるべきだ、とムカついた表情でブツブツ小言をいう松本や、宮城県知事が握手を求めるのを拒否したこと、だらしない無礼なタメロ、自分の失言に気づいて「今のはオフレコです」「書いた社は終わり」と横にいる記者たちを恫喝したことなど、全部写っている。強烈に不愉快な態度だ。横柄かつ傲慢極まりない。明らかに「大臣の威光をカサに知事や記者を見下している」態度だ。この光景を見て問題だと思わない記者はどうかしている。少なくとも、こんな人物を復興担当の責任者に任命した政権に疑問を持つはずだ。それくらいの内容だったのだ（後に躁病だったことになっているが、この時点では判明していないから関係ない）。

新聞３紙が批判でもないし無視するでもない、中途半端な記事になっているのは、他でもない。東京本社の記者（内勤のデスク、整理部あるいは政治部）たちは、この東北放送の内容をネットで見ているが、建前上記事ではそれを書けないからだ。インターネットで、自社の紙面が「落とした」記事がないかチェックするのは、本社の内勤記者（特に朝刊担当デスクにつく泊まり記者）の仕事のひとつだ。当然、朝刊の入稿作業が進む３日夜～４日未明（東京に配布される最終版の締切は４日午前１時～２時ごろ）にはこの動画を見ているだろう。というより、見ていなかったら怠慢すぎる。

ところが、すでに述べたように、新聞というのは「１社だけの閉じた世界」を前提に記事をつくる。「他社新聞に抜かれた」ニュースは「××新聞によると」とは書かない。「ことがわかった」という。禁止事項である「主語のない文」にしてでも書かない。西山英彦、原子力安全・保安院審議官の愛人話を「週刊新潮」が報道し、西山氏が更迭されても、週刊新潮のシの字も出さない。

同様に「インターネット報道もないことになっている」という非現実的な前提で記事を書く。よって、ユーチューブで東北放送の画像を見ても、それを根拠にはできない。同放送は東京には流れないローカル放送だから、東京本社がなぜ画像を見たのだ、というツッコミを恐れる。

あまりに3紙そろって記事がお粗末だったので、私は全国紙の友人に「会談の現場に記者がいなかったのではないか」と聞いてみた。復興担当大臣が宮城県知事を県庁に訪問するなら、宮城県庁には県政担当記者がクラブ室に机をもって常駐している。しかし、こうした儀礼的な知事訪問は、政府高官だけではなく、財界人、タレント、スポーツ選手など、毎日山のようにある。もしかすると県庁クラブ担当記者は「たいしたことはない」と取材を飛ばしたのかもしれないと思った。好意的に推測したのである。

しかし、各社の記者は現場にちゃんといて、暴言を目の前で聞いていたらしい。なるほど、そう思って動画を見なおしてみると、記者が何人か映っている。毎日新聞は政治部記者が東京から松本大臣に同行し、仙台支局の宮城県庁担当記者もいたという。

それでなお、毎日新聞が大臣の言動を問題視しなかった背景は次のような過程らしい。

（1）宮城県庁担当記者は「東京の政治家はこういう物言いをするものなのだろう」と思って問題視しなかった。

（2）政治部記者は「また松本大臣がいつもの軽口を叩いている」と思った。

（3）東京本社のデスクははじめ内勤記者は、発言について問題視していない共同通信の配信記事を朝刊の締め切り前に読み、そちらの論調に引きずられ問題ではないと思った。

つまりトリプルミスでノーマークになった。ピッチャーゴロをピッチャーがエラーし、ショートがトンネルし、レフトがまたトンネルして失点してしまったような間抜けな話である。

結局、松本発言への非難は、ユーチューブが動画を一晩のうちにバラまき、翌4日朝7時15分から「朝ズバッ！」（東北放送と同じＴＢＳ系）が批判的な論調で報じ始めたあたりで、最高潮に達する。

この時点で朝日、読売、毎日はじめ朝刊には、前掲の中途半端な記事しか出ていない。

つまり新聞は全紙東北放送にやられて「特オチ」、それも記者が現場にいたのに問題に気づかなかったという大失態なのだ。

本題のセレモニー報道の弊害に戻ろう。先ほど「大臣が知事を儀礼的に訪問するようなセレモニーは毎日のようにある」と書いた。そもそも、松本発言が飛び出した大臣の訪問そのものが、こうした「報道陣に公開されたメディア用のイベント」だったことはもっと注意する必要がある。

報道陣が記録している「公開の場」で、未定の議題や本音の議論など、政策執行者がするわけがない。そうした実務的なやりとりは実務担当者が非公開の別の場所で詰める。報道陣を前にした「大臣の知事訪問」の場面は、まさに「儀礼的かつ報道用に用意されたセレモニー」以外の何ものでもない。これは報道がいなければ起こり得なかったメディア・イベントなのだ。

取材に来る記者も、そういうつもりで来る。おそらく2〜3日前に、県庁広報課から記者クラブに「松本復興担当大臣　県庁訪問について」という紙資料の投げ込みがあったことだろう。会談の議題について、広報課長か知事公室長が記者レクくらいしているかもしれない。「たいした議題はありません」と言っていたかもしれない。

手馴れた県庁担当記者なら、頭の中に記事が浮かんだことだろう。
「３日、松本龍復興担当大臣は宮城県庁を訪れ、知事と30分にわたって会談した。松本大臣は『国としてはできる限りの支援をしたい』と述べ、知事も『感謝している』と話した」。そんな記事が宮城県内版、全国総合面にちょろっと出る。そんなもんだろう。つまりセレモニーを取材して記事にする作業は「作業手順とアウトプットがわかっているルーティンでしかない」と認識される。

つまり大臣がそこで「暴言を吐く」のは突発、予定になかった「事故」なのだ。震災関連取材で日夜てんてこ舞いの県庁担当記者にすれば「県庁や政府が設定したセレモニー」の優先順位は低い。大臣がそこで宮城県にとって重大な事実を初めて明らかにするなんて、ありえない。あれば事前に広報課長か知事公室長が記者レクをしているはずだ。つまり記者のマインドには「セレモニーなどたいしたことはない」「大ニュースなど出ない」という「ニュース価値を矮小化するバイアス」がかかる。バイアスとは偏見であり、現実を認識する目を歪める。

また、震災関連記事で手一杯の記者は「セレモニー程度の取材で仕事を増やしたくない」というマインドになる。これも一種のバイアスである。こうして「セレモニーだからニュースなどない」「できるだけ簡単に済ませよう」という「矮小化のバイアス」が、ますますひどくなる。

だから、目の前で政治家が暴言を吐いても「これはニュースだ」「東京に連絡しなければ」「批判する記事を書くための取材をしよう」とその場で機敏に反応できない。つまりクライシスレスポンス（危機対応）が鈍いのである。記者のくせに、突発事態に弱いのだ。

本来は、松本復興大臣の宮城県庁訪問というニュースの本質は「復興担当の国の最高責任者が、地元自治体の最高責任者である県知事と接触し、言葉をかわす」「国と地元自治体の立場の違いがあきらかになる」のはずだった。ところが、そこにセレモニーが設定されると、セレモニーであるがゆえに本質を覆い隠す。ここでも報道のニュース対応能力は低下する。だからこそ、政府や企業は、できるだけニュースをセレモニー化して、その本質を覆い隠すように努力する。役所はもともと「式」など儀礼的な行事が好きだ。そして日本人は「セレモニー化」が非常にうまい。報道は見事に乗せられ、ごまかされる。

暴言事件は、そうした役人たちの設定した「広報セレモニー」に突飛な人物（松本龍）が闖入し、珍しくそれから逸脱したニュースだった。が、セレモニー記事にニュース感覚がふやけた記者たちは気づかなかった。恐ろしいことに、本社、政治部、支局記者とトリプルミスで見落としたということは、それだけ劣化が全社的に蔓延しているということなのだ。

朝日・読売・毎日が揃って問題を見落としたことを見逃してはならない。ここで見える報道の病弊は全国紙企業が持つ「組織の断片化」である。

全国紙では、松本大臣を迎えた宮城県庁の担当記者は、仙台支局に属する記者だ。仙台支局は東京本社管内では入社1～6年目くらいの若い記者が主に配属される。東京の政治家取材を経験している記者は少ない。彼らには松本大臣の発言が暴言なのかどうか、判断がつかない。政治家取材に手馴れた東京の政治部の記者は同行しても「こんな暴言は松本龍はしょっちゅうだ」と逆に見落とした。組織がひとつに機能するための統合性が失われている。

こうした「担当記者」たちを統合し、エラーがないように守る最後のゴールキーパーが東京本社のデスクのはずなのだが、ここでも「仙台支局管内は仙台支局長が統括」「仙台支局発のニュースは東京本社では地方部（または社会部）で政治部とは別のライン」と複雑な部署制度によって情報はバラバラに断片化していく。松本龍という人物は一人なのに、取材する記者がそれぞれ小さく断片化された「担当」で分断されているため、情報も断片化していく。記事も断片化され、統合性を失う。ここで統合された、本来の「ニュースの本質」は「松本龍は復興大臣としての資格を欠く」という事実なのだが、それは断片化した組織には捉えることができない。

朝日、読売、毎日が同じミスを犯したという事実は、全国紙の断片化がどこも深刻であるということを物語っている。「断片化」の問題については次章で詳述するのでここではいったん止めておく。

パチカメ取材とは何か

セレモニー記事と対になる概念が「パチカメ」取材である。「パチカメ」は古手の新聞や出版業界人なら、なじみのある言葉だろう。主に新聞社や雑誌のカメラマンが、デスクや編集者の手配通りに取材先に行き、工夫も創意もせずに適当にパチパチと撮影してお茶を濁す。職業人としての意欲や芸がない。やる気や工夫もない。こういうカメラマンを「パチカメ」と呼ぶ。「あいつはパチカメだ」というふうに使う。蔑称である。

ところが、こういう「上司に言われるままセレモニーに行って、定型的な取材と記事でお茶を濁す」という行動が、カメラ記者だけでなくペン記者にも広がってきた。これを「パチカメ取材」と呼ぶことにしよう。

内容も、写真もそっくりの記事がためらいもなく掲載されるところに「広報セレモニーに行って、定型的な文章や写真を記事にする」という「記者のパチカメ化」の病根の深さが出ている。先にP紙にこの写真が掲載されているのに、半日遅れのQ紙は「あれ、Pと同じ写真だ。これは恥ずかしい。別のショットに取り替えよう」という「製品管理」がなされていないのだ。

取材先がつくったセレモニーを無自覚に記事にするパチカメ思考が危険なのは、権力側に報道が簡単に操作されてしまうことだ。たとえば「スーパークールビズ始まる」という朝日、読売、毎日の記事を見てほしい。揃って6月1日夕刊である。

これは官庁が用意した純然たる「セレモニー」である。そして記者の行動はパチカメ取材である。環境省の一室に、「スーパークールビズ」の装いをした職員が集まり、それを報道陣に公開して（当然環境省の記者クラブに事前に資料が配布され、各社はカメラマンを手配している）写真を撮影させた報道用セレモニーである。朝日、読売、毎日とも、着席している若い職員たちが同じなら、真ん中のアロハシャツ、禿頭の中年男性の位置や表情も同じ。醜悪としかいいようがない。職業倫理の荒廃を感じさせる。

たかが服装の話と侮ってはいけない。これは立派な政府の「プロパガンダ」なのだ。3．11以後のスーパークールビズとはすなわち、原発事故による電力需要の逼迫に対処するため、エアコンをゆるめ、ネクタイやスーツをやめて開襟シャツ（アロハ、かりゆし、ポロシャツなど）を着ようという「国民運動」なのだ。「スーツをやめてもこんな服ならビジネスでも失礼ではありません」と国民に政府が見せるドレスコードへの「自発的な」服従を要請しているのだ。

本来、節電も服装も、国民の自由な判断に委ねられていることだ。あえて言えば、2011年の真夏でも「俺は節電などしない」と冷房をバカスカ使う自由も、国民にはある。まして服装などは「個人の自由」の中でももっとも個人的なものであって、政府・環境省に指図する資格はない。簡単にいえば「いらぬおせっかい」。難しくいえば「国民の自由への過剰な介入」なのだ。環境省がこうした節電やエコの旗振り官庁であり、その省益に沿って行ったプロパガンダであることは言うまでもない。

一方で、本来論ずべき重要な議題は、この脳天気なメディア・イベントによってすり

「超」軽装　「クール」な初日

多くの学校や仕事場で「衣替え」となる1日、東京・霞が関の環境省では、ジーパンやポロシャツなど軽装での勤務を認める「スーパークールビズ」が始まった。多くの職員がポロシャツ姿で机に向かい、色鮮やかな沖縄の正装「かりゆしウエア」やアロハシャツを着た職員も見られた＝写真、日吉健吾撮影。

▼9面＝主流はポロシャツ

福島第一原発の事故による電力不足で節電が求められる今年、同省はノーネクタイで勤務できるクールビズの期間を、例年より1カ月早めて5月に開始。さらに夏場に冷房の設定温度を28度にするのを徹底するため、「だらしないものを除く」といった条件付きでジーパンやTシャツ、スニーカーなどの解禁に踏み切った。

企業や他の官庁にも、朝方勤務やうちわ、ブラインドの活用などとあわせて協力を呼びかけていく。

この日の東京は曇り空。気象庁によると、午前9時現在の気温は14・3度で、平年よりも約3度低い。無地のTシャツ姿の職員は「さすがに今日はちょっと肌寒いね」と苦笑い。

（平井良和）

節電で照明が消された中、スーパークールビズが始まり、ポロシャツやかりゆしウエアで仕事する環境省の職員ら＝東京都千代田区の環境省で1日午前9時28分、手塚耕一郎撮影

「超」軽装で乗り切れる!? 環境省

東日本大…のため、環境…ークールビ…従来より一…の冷房で暑…この日は東…度で4月下…は肌寒い気…動の「本家」…Rしなけれ…を想定した…ャツ姿が目…沖縄のか…ャツを上に…員は「寒い…藤を担当す…植田明浩・…「服装だけ…ど仕事のス…節電に取り…話している。

「スーパークールビズ」が始まり、かりゆしウエアなどで仕事に臨む環境省の職員（1日午前、東京・霞が関で）＝杉本昌大撮影

環境省「スーパークールビズ」

旗振り役 本涼発揮

クールビズをさらに進めた環境省の「スーパークールビズ」での執務が1日、スタートした。予想される夏の電力不足に対応するため、省内で28度の室温を徹底するのが狙い。昨年まではノーネクタイで上着なしが基本だったが、今夏はアロハシャツや無地のTシャツ、破れていないジーンズも認められる。

ただ、初日は東京・大手町の気温が午前9時現在で14・3度と肌寒く、新たに認められたポロシャツ姿の職員はまばら。上着を羽織って登庁する職員もいた。

真っ赤なかりゆしウエアで登庁した同省フロン等対策推進室の吉沢保法・室長補佐は「まだ寒いが、夏になれば節電は避けられない。この取り組みが我々の生活を見直すきっかけになってほしい」と意気込んでいた。

スーパークールビズのセレモニー記事。6月1日の朝日新聞夕刊（上）、毎日新聞夕刊（下左）、読売新聞夕刊（下右）

替えられてしまう。それは「電力は足りているのか」という論点であり「足りているのなら、原発はなくてもいいのではないか」「福島第一原発は今どうなっているのか」という、政府や電力会社にとって、国民にもっとも思い出してほしくない議題なのだ。重要なニュースから世論の目をそらせたいときに、別の無害なニュースを報道機関に投げ与えてそちらに「誘導」するのは「報道操作」の基本中の基本だ。こんな子供だましのような手に揃ってひっかかる朝日、毎日、読売は幼児的である。

そういう「何でも権力に決めてもらって、従う」という「被統治者メンタリティ」が記事に知らず知らずににじみ出ているのがこわい。「だらしないものを除く」(朝日)、「無地のTシャツ、破れていないジーンズも認められる」(読売)と、まるで「服装規制を決めた校則の周知徹底を図る教師か生徒会長」のような表現が出てくる。繰り返すが、服装を政府に決めてもらう必要などない。そういう権力の馬鹿げた自由への介入こそ批判すべきなのだ。こういう「プロパガンダへの無自覚、脳天気(そしておそらくは善意による)協力」こそ、報道の脳死の最たるものだ。

「権力と対峙できない報道」「政府の広報機関と化した報道」という読者の懐疑の声をよく聞く。その源をたどってみると「無害に見えて有害な記事」、すなわちパチカメ取材という怠惰によって作られた「セレモニー記事」が多い。

なぜ3．11報道ではかくもパチカメ取材が蔓延したのだろう。

岩手、宮城、福島など東北の被災地には、朝日新聞社だけでも最大で450人もの記者が取材に入った。東京本社管内だけでなく、名古屋、大阪、西部（九州）本社管内の支局から記者たちが「応援」に投入されたからだ。本社在籍の科学部、政治部、社会部などの記者も取材に加わる。読売、毎日、産経など朝日以外も含めると2000人ぐらいになるのではないか。

これほどの多人数が動員されると、「どの記者がどこにいてどんな仕事をしているのか」把握するだけでも大変だ。まったく土地勘も知己もない未知の土地に投入された記者がすぐに自由に取材に動けるとは限らない。そこで「記者を配置したら遊ばせておくわけにはいかない」という管理職の心理が働くと「発注ものを頼む」となる。東京本社のデスクや、盛岡、仙台、福島など県庁所在地のデスクが広報資料（官公庁、企業、NPOなどが報道各社にファクスやメールで送信する）を渡して「P月Q日、ドコソコでコレコレがあります。つきましては取材・出稿をお願いします」という連絡を出し、記事を書くように手配しておく（余談だが、こうした社内の業務連絡のことを朝日新聞社は「行政」という名前で呼ぶ）。

こうした「発注もの」取材を続けていると、記者は「発注もの取材の合間に独自ネタ取材をする時間を搾り出す」という本末転倒の状態になる。あるいは、独自取材などする時間すらなくなる。そうなると、怠惰な記者は「発注ものを書いたから今日はもう仕事をした」と思うようになる。これは「怠惰への誘惑」である。この誘惑は非常に強い。そして、その代償は大きい。安易な記事によって、媒体価値が日々破壊されていくからだ。

カレンダー記事の安易さ

私が新聞社に勤めていたときの話である。週に1回ほどのペースで本社の「泊り」が回ってくる。昼勤を終えて午後6時ごろ、本社の社会部デスク席につく。そのまま午前2時前後の朝刊最終版締切まで「デスク」（社会部の次長。入社年次20年前後）の横に座って朝刊をつくる内勤仕事の手伝いをするのだ。デスクは記者たちのコントロールセンターであり、紙面にミスがないかを点検するゴールキーパーでもある。事件の第一報が飛び込んでくると、まず一番に取材に飛び出すのが当時の私のような下っ端の仕事だった。そしてその夜はそのまま帰宅せずに会社の「カイコ棚」（宿直室の二段ベッド）で寝る。

デスクの座っている机の横に、月単位のでかいカレンダーが貼ってあった。月に何日か大きな赤いマルがしてあった。それは何ですか、と聞くと「××事件があった日。『あれから何年』って記事が来るからその日はラクだぞ」とデスクはにやりと笑った。

事件の多い日は忙しくて大変なのだが、そんな日はそうそう多くない。事前に予測がつかない。事件がない、ひまネタのストックがない日の紙面をつくることのほうが頻度は多い。しかも大変だ。紙面が「埋まらない」のだ。土曜日や月曜日の午前中に紙面をつくる夕刊担当デスクは（役所や企業が稼働してないから）「胃が痛い」とよく聞かされた。だから「あれから何年もの」の出稿があるとあらかじめわかっていると、デスクはストレスが少ない。

このデスク席の思い出があるので、私は「X事件からN年」式の記事を「カレンダー記事」と呼んでいる。「あれから何年もの」という人もいた。「P月Q日」が来ると、定型に近い記事が出稿される。毎年同じなので、文字部分は事前に書いてデスクに渡しておく「予定稿」がほとんどだ。当日は、予定通りに事実が運ぶのを確認して、デスクに

「予定稿解除してください」と伝える。当日動くのは写真を撮るカメラ記者と、現場雑感や談話を書き足す記者（だいたいいちばん若い記者）だけだったりすることが多い。

戦後、カレンダー記事の元祖になったのは、言うまでもなく8月15日（終戦記念日）と8月6日・9日の「ヒロシマ・ナガサキ」の日だ。「日本の敗戦」や「原爆投下」という世界史的な事件なら、内容に議論の余地はあるとしても、何かの記事が出ていること自体はわからないでもない。事実、初期のころは「あれからN年」の日付が来るたびに「戦争」「核」をテーマにした深い内容の連載記事が紙面に掲載されていた。

問題は、その後大事件が起きるたびに「あれからN年」がどんどん増殖したことだ。つまり「P月Q日」という記念日が来ると、過去を思い出して思索を深めるという「きっかけ」にすぎなかった日付が、倒錯を重ねて自己目的化してしまった。最後は「あれからN年だから何か記事が出ていなければならない」になり「きょうはP月Q日だから紙面がラクに埋まる」というふうに。過去の新聞縮刷版をさかのぼってみると、ここ20年、特に２０００年〜05年あたりからはっきりした傾向が見える。
3．11報道でもこのカレンダー報道は無自覚に持ち込まれている。最初は「あれからMヶ月」である。「毎月11日」には必ず「震災あれからMヶ月記事」が出ている。滑稽なのは「あれから３ヶ月」（６月11日）と、仏教の鎮魂行事である「１００日目」（６月18日）が近接していたことだ。どちらかにすればいいのに、新聞やテレビは、各社どちらも馬鹿丁寧に記事にしてていた。カレンダー記事の悪癖がつい出てしまったのだ。

ちょっと考えればすぐにわかるのだが、時間が経てば経つほど過去の大事件は増える一方で、減ることはない。時間が経てば経つほど「あれからＮ年」は雪だるまのように増えて、紙面はどんどん埋まっていく。ひどい日になると同じ日にふたつの大事件が重なっていて、紙面に「あれからＮ年」記事がダブる。「６月８日」は「大阪池田小学校事件」（２００１年）と「秋葉原通り魔事件」（２００８年）が重なっているので、新聞紙面は毎年ふたつの「あれからＮ年」記事を載せ続けている。さすがに３．11の年にはもっと掲載すべき記事が多いだろうから、やるまいと思っていたら、なんと朝日、読売、毎日とも例年通り両方ともに載っていた。

私がずっと不思議に思っている現象のひとつは「紙面が狭くて、独自ダネを提案しても、なかなか記事が載らないんです」と記者が嘆いていたことだ。だが新聞を読んでも、それほど独自記事が潤沢に掲載されているという印象がない。むしろ「ニュースが薄くて、苦しそうだな」という紙面はよく見る。

ひまネタで埋めなくてはいけない日がある一方、紙面が狭くて載らない、というのは変な現象だ。何が紙面を圧迫しているのだろう、と考えてみたら、こうした「カレンダー記事」が無原則に拡大していることに気づいた。

「大事件・大事故の日付を契機として、その教訓を再考する」こと自体は悪いことではない。批判する対象でもない。問題は、その記事のほとんどが「セレモニー記事」に堕落していることだ。

「セレモニー」をはじめとする「メディア・イベント」は、そもそも「報道がいなければ起こらなかった現実」＝「擬似現実」（アメリカの社会学者ダニエル・ブーアスティンの言葉"pseudo event"＝「擬似イベント」から引用）にすぎない。

カレンダー記事とセレモニー記事が合体すると、これは「猛毒」である。記事がどんどん「前年と同じ」「前回と同じ」になって定型化してしまうからだ。毎年毎年同じ写真、同じ内容の記事ばかりが繰り返される。読者は既視感でうんざりする。「新聞は似たような記事ばかり」という印象は、「どの社の新聞も似たような記事」という「横並び」だけではない。「どの年でもP月Q日には似たような記事」という「縦並び」もある。

私が入社した１９８６年から延々とカレンダー&セレモニー記事が続いているのは、その前年１９８５年に起きた日航ジャンボ機墜落事件である。１９９１年、２００１年、２００６年と２０１１年の紙面を比べみよう。

見事なまでに、慰霊行事（セレモニー）＋カレンダー記事の繰り返しである。日付を隠して記事を見せれば、これがいつの記事なのか、まったく見分けがつかないだろう。断っておくが、取り上げた年だけではなく、過去26年間、毎年毎年8月12日、13日にはこんな記事が載っているのである。うんざりしないほうが不思議だ。

はっきり言うが、これらの記事の内容は「ニュース」ではない。「N年P月Q日でなければ掲載する合理的理由」がないからだ。これは一見違うように見えるので、注意してほしい。こうした毎年繰り返される慰霊行事は、どの年に取材して記事にしても、変化のない事実なのだ。

日刊紙に必ず全ページ日付が欄外に表示されているのは「N年P月Q日でなくては掲載の必然性がない事実が掲載されています」という一種の品質表示なのだ。それが日刊紙の「ニュース」の意味なのだ。毎年繰り返されていることは「最新の話」ではない。よってニュースではない。もし前回の記事から何か変化があれば取材して載せればいい。

そぼふる雨をついて集まった遺族たち＝12日午後7時、群馬県上野村で

雨の闇に慰霊の光

日航機事故7回忌

日航機墜落きょう17回忌

85年に日本航空のジャンボ機が群馬県・御巣鷹の尾根に墜落し、520人が犠牲になった事故の十七回忌が12日、めぐってくる。11日夜、現場のふもとを流れる同県上野村の神流川で、灯ろう流しがあった＝写真。

「一度だけでいいから手にふれ、会いたい」「天国でもおしゃれをいっぱい楽しんでね」

川面に明かりを映す一つひとつに、家族への思いがつづられていた。

高齢化、慰霊の山道厳しく

「娘よ 今年限りかも…」

日航機墜落21年

日航機墜落事故で亡くなった家族の墓標に手を合わせる遺族＝12日午前9時16分、群馬県上野村

御巣鷹 意思継ぐ第2世代

日航機墜落から26年 慰霊登山

1991年８月13日、2001年８月12日、2006年８月12日夕刊、2011年８月12日夕刊の朝日新聞の御巣鷹山記事

あるいは、過去気づかれなかった事実が出てきたなら、取材して載せればいい。そして、その掲載の日付は事件の発生日である必要はまったくない。

現在の新聞は、そのことにすら気づかないほど荒廃した状況にある。

なぜこんな馬鹿げたことが放置され、26年も延々と繰り返されているのか。

新聞をつくる側に身を置いた者としてわかることだが、カレンダー記事は誘惑が強い。ストレスやコストが少ないのだ。はっきり言うとラクなのだ。

（1）前述のとおり、カレンダー記事は紙面を埋める記事が事前に予測できる。デスクなど内勤編集者のストレスが軽い。前年を参考にすればよいので、記者は取材や執筆が楽だ。

（2）独自ダネ記事を用意するには、記者を事前に取材させなければならない。新しいネタを見つけるには経費や時間、手間といったコストがかかる。

（3）セレモニーを取材して載せれば、そうしたコストが発生しない。コスト削減になる。コストをかけずに紙面が埋まる。

現況の新聞やテレビは経済的苦境でコスト削減に必死なので特に（3）の誘惑は強い。コストを削った管理職（デスク、部長）は「よき管理職」の人事考課が与えられるから「よき管理職」ほどカレンダー記事に引き込まれる。

ここでも「組織の断片化」の問題が顔を出す。毎日夕刊と朝刊でデスク（内勤の紙面責任者）はシフト交代する。そして1〜2年で異動していく。すると、カレンダー記事は長く続いているがゆえに「自分の担当のときにやめるには、組織内への説明のための何か理由がいる」という現象が起きる。「去年やったのに今年はやらないためには」あるいは「長年続いたことをやめるには」組織内への言い訳が必要という、倒錯したロジックが紙面作りを動かすのだ。

あるいは「空いた紙面」を埋める別の記事を手配しなくてはいけない。そうした作業が面倒くさいと「去年と同じでいい」という「無難」な判断に流れる。こうしてカレンダー記事は延々と続く。こうした習性を「前例踏襲主義」と呼ぶ人もいるが、新聞制作者には「主義」というほどの主体性も能動性もない。ただ「無難・安直に流れているだけ」なのだ。断片化した担当者が断片化した動機のまま紙面をつくる。それを時系列で並べてみると途方もなく歪んだ代物になっている。が、断片化した当事者は何が悪いのか気づかない。気づいても「改善は私の仕事（担当）じゃない」と気にしない。

カレンダー記事が途絶えることもある。犠牲者の数や猟奇性、残虐性では変わるところがない「宮崎勤事件」「酒鬼薔薇事件」は近年「あれからN年」記事がない。宮崎勤本人が死刑執行されてしまったことで「一件落着」と思っているのかもしれない。「酒鬼薔薇」が更生したことになっているので終止符が打たれたと思っているのかもしれない。被害家族の痛みという点では変わりがないので、変だと思う。二つの事件は「セレモニー」（慰霊、追悼、祈念行事）がないのが原因かもしれない。

カレンダー記事は有限の資源である紙面や電波を無駄遣いするという点で有害だ。媒体の価値も低下する。もっとも深刻なのは、記者にとって有害であることだ。

カレンダー記事は「ニュースが発生したから」「記者がニュースを見つけたから」記事が掲載されるのではない。その日が来たら自動的に記事が発生する。記者の能動性を奪う。「自分でニュースを探さない」受動性を悪化させてしまう。これは実は記者クラブと同じ害悪である。日本の記者たちが能動的にニュースを探す能力が低い原因は記者クラブだけではない。こうしたカレンダー記事のような受動的作業が記者の時間と紙面、そしてニュース感覚を奪うのだ。

「どうして独自ダネがなかなか掲載されないのだろう」と現役の記者たちと話をすると、決まってばつが悪そうに「デイリーの記事の処理で忙しい」という。はて、そんなに頻繁に大事件があったかなと不思議だった。なるほど、彼らのいう「デイリーの記事」とはこうしたカレンダー記事も含まれているのだ。カレンダー記事は「記者の時間」と「紙面」というふたつの貴重な資源を浪費しているのだ。

「えくぼ記事」の罠

私が大学を卒業して新聞記者になりたてのころ、赴任先の三重県津市での話だ。夜に知的障害者の合唱コンサートがあるというので、カメラを片手に県立ホールにでかけた。当時の私の担当は警察署で、交通事故や火事で人が死んだ、重体だとそんな取材ばかりしていた。こういう「福祉もの」ほか「街ダネ」は私のような一番下っぱ、取材技術の未熟な新人記者の仕事になっていた。支局の事務所に「行事のお知らせ」とかいうファクスが来る。デスクが「これ見に行っておいて」と私に「振る」のだ。

会場で名刺を出して来意を告げると、中から初老のやせた男性が出てきた。きっちりした背広を着ている。福祉施設の理事長、と名刺に書いてあった。

「あんたが朝日サンかいな」

孫のような23歳の私を見た理事長は、ニコニコしながら言った。

「あんたら、コロシやタタキやいうて殺伐とした記事ばかり書いているから、わしらみたいな『えくぼ記事』が必要なんやろ？」

このひとことは26年経っても未だに忘れられない。出会い頭に一発食らったような衝撃だった。「事件とちがって、いい話、ほめる話だから取材に行けばきっと喜んでもらえるだろう」と考えていた若い私の偽善を、この理事長は（半分冗談かもしれないが）見抜いていたのだ。

26年も前の些細な逸話を持ちだしたのは他でもない。３．11報道を見ていると私がかつて新人のころに書いていた「えくぼ記事」そっくりの記事が連日紙面を埋めているからだ。
３．11報道でのえくぼ記事のパターンはだいたいこうだ。
（１）ポジティブな物語（２）笑顔の写真（３）復興あるいは回復の物語。そしてもうひとつの重要な要素は、（４）「悲嘆」「憂鬱」「不安」「憎悪」「対立」「離別」「離散」「絶望」など「負の人間的要素」を一切消去してあること、だ。

実際に3．11の被災地を歩いた経験があれば、こうした「えくぼ記事」がいかに人間の「矛盾」「奥深さ」「不可解さ」に無頓着かすぐにわかる。

私が岩手県野田村に入ったときだ。海岸から地平線の山裾まで、視界の限りが津波で平らにされていた。廃材の泥沼になった村をとぼとぼ歩いていると、向こうから作業服を着た町工場のオヤジ風の男が歩いてきた。ずいぶん人の姿を見ていなかったので、うれしくなって「こんにちは」と挨拶したら「おつかれさん」と返事をしてくれた。それがきっかけでしばらく立ち話をした。

「ここにわしの自動車修理工場があった」

オヤジは紙ごみのように膨れ上がった鉄材の山を指さした。

「で、あれが見えるか」

と、30分ほどかけて歩いてきたという山裾に、スレートの壁がついた屋根が見える。遠くて見えないので、望遠レンズでのぞくと「○×モータース」とあった。

「あれがうちの工場だ。あんなところに流されよった。ワハハ」

オヤジは金歯を剥いて笑った。

「あいつも動いたことがないから旅がしたかったんだろ。ワハハ」

「じゃあ屋根は使えますね」

「馬鹿言うな。使えるわけねえだろう。ワハハ。まあオレも廃業だな。ワハハ」

オヤジはいちいちワハハと笑った。私はそのたびにアハハ、と力なく笑って相槌を打った。どう言っていいのかわからなかったからだ。人口5000人弱の村が平原になってしまうほど破壊されているという現実そのものが理解不能なら、全財産を破壊された人がそれをネタに笑っているという現実がまた理解不能なのだ。現実がそもそも理解を超えている。

だが、そのうちにわかってきた。このオヤジ本人も、この現実を受け入れることができない、というか現実感がないのだ。だからまるで人ごとのように冗談にして大笑いしている。「あまりに巨大な理不尽が起きると、逆に笑えてくる」という話は、阪神淡路大震災でも聞いたことがあった。それほど現実が過酷なのだ。

まだある。津波で流された自動車が見つかった。運転席の他のものは全部残っていたのに、iＰｏｄだけ無くなった。つまり誰かが盗んだ。家も畑も全部流された老夫婦に、最後に残った財産であるトラクターを誰かが盗んだ。

救援物資は有り余っていて、何がほしいかと被災者に聞いたら「酒とタバコ」と言われた。災害の中、ヨメと姑がケンカする。夫婦が離婚する。家が破壊されても隠れてセックスをする。不幸の中で笑う。冗談を言う。

全部私が被災地で見聞きした話ばかりだ。

人間は矛盾している。複雑だ。「建前」や「きれいごと」など、現実ではありえない。現実は取材者の予想を簡単に裏切る。まして、遠く離れた都会でニュースだけ見ている人々の期待など、現実はまったくお構いなしである。

こうした現実を踏まえて3．11報道の「えくぼ記事」を見返してみる。まったく顔から火の出るような恥ずかしい、おめでたい話ばかりだ。まるで中学の生徒会長が書いた作文のように世間知らずな内容である。

こうした話は単純かつ単調で、まったく奥行きがない。人間の複雑さ、多面性、矛盾した面をまったく消去してしまっているからだ。書いてあることはウソではない。が現実でもない。「被災者はこうあってほしい」「復興はこうあってほしい」という「願望」であって現実ではない。これは意図的に現実の一部を消去した「編集された現実」である。あるいは「消毒された現実」といってもいいだろう。

誰の「願望」なのか。もちろん被災者の願望でもあるだろう。被災しなかった読者の願望でもあるだろう。そして記者がそれらを先回りして忖度した「願望」でもあるだろう。これはかつて同じような「えくぼ記事」を書いていた身としてはよくわかる。「書かれた取材対象者が喜んでくれる」「記事を見て被災者が励まされる」という記者や新聞社の期待もある。もっといえば「被災者を励ますような記事を書いて掲載すれば、社会が記者や新聞を賞賛してくれる」という「願望」もある。

しかし、これはおかしな話だ。報道の目的は事実を伝えることであって、励ますことではない。取材によって現実を修正してはいけない。少なくともそれを目的にしてはいけない。こうした「えくぼ記事」は報道が現実に関与し、修正してしまっている。「取材対象に当事者として関与してはいけない」という「独立の原則」を逸脱しているのだ。なぜ「えくぼ記事」のような「おめでたい話」が被災地の現実として毎日掲載されるのか。

ひとつは、ラクだからである。笑顔の写真を撮る。名前や年齢を聞く。話を聞いてそれをカギカッコでくるむ。つまり全文が「被取材者がこう言った」内容であり記者が責任を負う地の文がない。せいぜい1時間もあれば終わる取材だろう。

どこかで見たことがあるフォーマットだと思ったら、これは夏の高校野球（朝日新聞社が主催する行事）の「スタンド雑感」の記事にそっくりなのだ。

こうしたプレハブ的な記事で紙面を埋める理由はわかる。前述の全国から集まった「応援組」の記者には土地勘がほとんどないからだ。

この項の冒頭の福祉施設のコンサート取材が入社して数ヶ月の私の仕事だったことを思い出してほしい。「えくぼ記事」は簡単で無難（批判や苦情がめったに来ない）なので、経験が浅い記者でも土地勘のない記者でもどんどん書ける。私もそうだったが「複雑な人間の姿」を捉えきれるような人生経験がある記者はそう多くない。だからいきなり投入された20歳代の記者でも紙面を「埋める」のに役立つ。

そしてもうひとつ書いておかなければいけない。「えくぼ記事」は書かれた方も書いた記者も傷つくことがない。感情的な摩擦を避けに避けた結果が「えくぼ記事」なのだ。

記者は賤業である

『大震災・原発事故とメディア』（大月書店）はメディア総合研究所がまとめたテレビ・ラジオ記者たちの3．11取材の報告集である。ここに仙台放送（フジテレビ系列）アナウンサーだった早坂まき子氏の文章が収められている。

「私は泣いている人の心をえぐるような取材はしたくない、という思いでした。仙台放送の報道デスクも『無理に話は聞かなくていい、それはお前の判断に任せる。無理をしない範囲で、どういうお気持ちで来られたのかインタビューを撮ってこい』このように私に指示を出していたのです」

「『私は泣きじゃくる人にはマイクを向けたくありません。会社もその映像を放送しますでしょうか』すると『その考えでいいと思うよ』とカメラマンも同意してくれたので、ほっと胸をなでおろし、再び取材続行となりました。デスクの言う【無理をしない範囲】をつかみとった瞬間でした」

この文章を読んだとき、私は非常に混乱した。私が考える記者像とは著しくかけ離れているからだ。興味を持ってネットで調べてみると、この早坂氏は1981年生まれだという。若いが、新人ともいえない。それなのに3．11のような世界史的規模の大災害を取材するとは思えないような幼い話なのだ。

が、本を読み進めると、これは彼女だけの特性ではないことに気づいた。テレビの取材記者の多くが「いかにして被災者の感情を傷つけないか苦心した」という話ばかりしているのだ。そして「どうやってそれを実現するか悩んだ」と延々と繰り返す。

もちろん、家族を失い財産を破壊された人に話を聞くのは怖い。躊躇する。記者はみんなそうだ。26年間この仕事をしている今の私だってそうだ。そんなことは人間的良心のある者なら当然かつ自然なのだ。記者の職責は、そうした個人の感情的な葛藤を超えた行動にある。「罵声を浴びようと、傷つけようと、悪者になろうと、記録すべきは記録する」という「職責のために憎まれ役を引き受ける覚悟」が必要なのだ。これは「多くの読者の知る権利のために、自分を犠牲にする」という自己犠牲だ。より多くの公共の利益のために、職業的良心を個人的良心よりも優先させるという覚悟でもある。

しかし、3.11報道の現場にいたテレビ・ラジオ記者たちの多くは「汚れ役を引き受ける職責」を安易に捨てている。私は愕然とした。

ふと思いだしたのは「阪神淡路大震災の教訓」だ。当時、犠牲者の家族に遺体安置所の前でマイクをつきつけ「お気持ちは」と聞くような取材が轟々と非難を浴びた。あのトラウマ体験がテレビ取材を覆っているのだなと気づいた。

当時テレビ局に入社した若者はいま40歳前後。おそらくデスクとして上記のような女性アナウンサーに指示を出していることだろう。そう思ってみると「安否情報ではなく『行方』」「遺体ではなく『ご遺体』」「(破壊された家屋を)がれきと呼ばない」などなど、取材対象者、あるいは視聴者に「ネガティブな感情」を起こさせない修辞にはやたらに細かい。

こうした「取材相手を傷つけない取材」には強い誘惑がある。ひとつは、現実的な理由。抗議への対応など面倒くさい雑用が減る。そして「取材相手を傷つけるような自分への嫌悪感」を回避できることだ。

私が26年前に記者になったときに先輩に叩きこまれたことのひとつは「記者は人の不幸でメシを食う賤業だ」という自覚だった。「人の不幸を他人に知らせるという卑しい仕事をするという自己犠牲を払い」しかし「それが多くの人々の利益になると信じて、誇りを持って職責を果たす」ということだった。しかし、この「記者は賤業」という自己犠牲の精神は廃れている。いくら何でも「かっこ良くて華やかな仕事」ほど甘くはなかろうが「世のため人のために役に立つ仕事」だと単純素朴に考えている記者を私はたくさん見ている。それは「誰かを傷つける自分ではありたくない」という自己愛と背中合わせである。

ついでに言っておくと、家族を失った人に会って取材するのは「悪い」ことではない。単にカメラとマイクを向けて「今のお気持ちは」と尋ねる取材技法が幼稚すぎるだけなのだ。これはまったく別の論点であるにもかかわらず、混同されたまま時間が経ち「とにかく全部やめておけ」になってしまった。

「えくぼ記事」「えくぼ取材」がはびこる理由は、新聞とテレビでは別のようだ。新聞では組織の断片化と紙面政策の手抜きのためだ。テレビは「取材相手も自分も傷つけたくない」という自己防衛である。いずれにせよ、報道から失われていくのは「現実感覚」である。まるで底の抜けたバケツのように。

観光客記事の空虚

最後の（5）観光客記事については簡単に触れておきたい。「被災にもめげず業務を再開した」という「復興譚」は日本の新聞テレビが大好きな被災報道である。それだけでも十分に陳腐だが、その視座がバカバカしいほど「訪問者の視点」（つまり地元に根を下ろした住民の視点ではない）に偏っている。

例えば3月25日付読売朝刊は「『あの味』避難所へ　被災かまぼこ工場再開　父の遺志継ぐ　『地域に恩返し』」と宮城県女川町のかまぼこ工場の操業再開を記事にしている。

さらにみっともないのは同日朝日の夕刊で、この読売とまったく同じかまぼこ工場を取り上げたうえ「水戸納豆操業再開」を追加して報じている。

京都市で育った私はこういう全国紙の記事にはうんざりするほど見覚えがある。「神社仏閣」「銘菓」「豆腐」「祇園祭」など地元住民の生活には関係のない「観光名物」ばかり珍しがって記事にしては2〜3年で転勤していく「観光客記者」（地元住民の勝手な命名）たちの記事だ。それにそっくりなのだ。

言うまでもなく宮城の「かまぼこ」や水戸の納豆は首都圏でも知られた「名産品」だ。はっきり言ってしまえば「お土産物」である。しかし、そんな駅の売店で売っているような産品が操業を再開したことが、何だというのだろう。生活必需品にすら窮乏している被災住民にはたいした話ではない。むしろ、チェーン店のモールやスーパー、ドラッグストア、ガソリンスタンドの再開のほうが、死活的に重要なニュースだ。その読者の需要を無視し、あえて「お土産物」「名産品」を選んでニュースにする記者の視点は歪んでいる。「東京から取材に来た記者」あるいは「東北以外から支局に転勤して数年の記者」が名産品を珍しがる「観光客の視点」である。こうした発想は、外国報道に持ち込まれると「エキゾチシズム」（異国趣味）と呼ばれる。一体誰を「読者」と考えているのだろう。もしかしたら、東京の本社幹部に「ほほお」と読ませたいのかもしれない。

そういう動機で記事を書く人は実際にいた。

多様性の欠如

私が新聞社にいたとき「記事の書き方の初歩」として先輩に教わったことがある。それは、どんな大事件が起きても「本記・雑感・解説」の3本セットで取材し紙面をつくる、ということだ。

「烏賀陽くん、どんな大事件が来ても怖がることはないからね。『本記』『雑感』『解説』。これだけでいいんだ。飛行機が落ちようが、内閣が倒れようが、本記、雑感、解説を取材して書けばいいんだ」

そんなふうに言われた。

この「本記・雑感・解説」の法則は、その後ニュース週刊誌の記者になってからもそのまま応用できたし、現在も私が記事を書くときの基本的発想になっている。記者として、オウム真理教事件や阪神淡路大震災などいろいろな大事件に遭遇したが、新聞も週刊誌も「ニュース報道」である限りは、この原則は守られている。もちろん、朝日に限らず、どの新聞でも日本の新聞はこの法則に沿っている。見る限りテレビニュースも同じようだ。事件事故だけではなく、政治記事や経済記事でも構造は同じだ。

・本記　「いつ」「どこで」「誰が」「何を」「なぜ」「どのように」というニュースの基本要素５Ｗ１Ｈが盛り込まれた部分。これを欠くと記事が成立しない最重要部分なので、一番前あるいは最初に記述される。テレビではアナウンサー、キャスターが原稿を読み上げる部分が「本記」に該当する。

・雑感　社外の「現場」で取材された事実。記者が見た現場の描写。被害者など関係者の描写。目撃者の話。現場の状況や位置の説明など。事件の発生現場だけが「現場」とは限らない。新しい首相が誕生したときや高校野球優勝など「偉業」があると「喜びにわく地元」などの「現場」を取材することもある。

・解説　文字通りの出来事の解説。出来事の「考え方」「解釈の仕方」を考察する。事件の歴史の中での位置づけ。空間的広がりの中での位置づけなど。その分野の担当記者や社内の専門記者が書くこともあれば、学者や評論家といった専門家が書くこともある。

「コメント」「談話」「インタビュー」を引用する体裁を取ることもある。「教授」「学者」「研究者」「シンクタンク」「アナリスト」など「権威」の肩書きを持つ人々や社内の編集／解説／論説委員が登場する。

記者会見は通常は「本記筋」のデータを取材する場所だが、3．11のような歴史的大事件では「現場」として取材される。首相官邸や東京電力、原子力安全・保安院、あるいはそれらの合同の記者会見がこれだ。総理大臣や官房長官、東京電力や原子力安全・保安院の発表者の表情や言葉遣いなどが、歴史的記録として報道する価値があるからだ。

また、大規模災害に独特な内容としてデータ情報がある。これは被災者氏名、亡くなった人の氏名、避難所、医療機関、水や食糧の配布、営業しているガソリンスタンドや店舗といった「情報を記事に加工せずにそのまま転載すること」だ。3．11では「データ情報」に新聞のページやテレビがかなり紙面や時間を割いていた。毎日新聞はこの特設面に「希望新聞」（阪神淡路大震災のときと同じ）という名前をつけている。飛行機の墜落や台風など大規模災害では、犠牲者の氏名を名簿式に掲載することがある。

こうしたデータ情報は、大規模災害報道でなくても、通常時でもある。地方紙や、全国紙地方面には「おくやみ」「お祝い」(死亡、新生、結婚等の情報) がある。基本的な設計や発想はそれと変わらない。

平時の発想から変われない

3.11報道を見ていて気づいたのは、この「本記」「雑感」「解説」という構成を、そのまま応用して紙面がつくられていることだ。飛行機の墜落、台風、地滑りなど3.11以前の平時の「事件・事故」の発想と構造がそのまま持ち込まれている。実は、この3.11という「過去に例のない甚大災害」に、過去の事例の態勢(紙面、人員配置含め)を踏襲したまま取材に突入したことで、大きな齟齬が発生した。

わかりやすい例を挙げる。全国紙の場合、東北3県では「仙台」「福島」「盛岡」といった「県庁所在地支局を司令基地にして、記者を重点配置する」という平時の態勢は変更されていない。記者がいる拠点から近い方が記事・番組になりやすいという「ニュース価値判断が記者の配置の事情で左右される」現象が発生した。

また、そうやって被災地に配置された記者の取材担当区域は「都道府県」あるいは「市町村」という行政区域で分かれている。自分の「担当」ではない区域に入って取材するのは「縄張り荒らし」あるいは「越境行為」になる。津波や地震、放射能はこうした行政区域とは無関係に被害をもたらすのに、不思議なことだ。

だから県境や記者の担当区域の境界近くにある被災地は「記者が近くにいても取材されない」という事象が発生した。

前出の岩手県野田村では、「全国紙はおろか地元紙もほとんど取材に来ない」と村人が怒っていた。盛岡市から野田村へは自動車で片道3時間以上かかる。ほかの記者が配置された支局も、その手前に宮古市などより壊滅的被害の街があって、野田村には手が回らない。さらに不幸なことに、いちばん近い支局がある八戸市は隣県の青森県だ。八戸市からは片道1時間半と近いが、八戸の記者にとっては、隣県の村は「担当」ではない。こうした「平時の取材担当区域割り」がそのまま持ち込まれてしまった。

例えば、3．11ほどの大規模な災害になると、その影響が市民生活のすべてに及ぶのは必至なのに、新聞社やテレビ局が「政治部」「社会部」「経済部」「文化部」といった組織構成を再編成して取材にあたった、あるいは「政治面」「経済面」「社会面」といったページ構成を再編成して紙面をつくった、という例は聞いたことがない。組織もページも、これまでの平時のまま、前例を踏襲したのである。

記者の配置問題

記者の人員配置もこの「3本セット」に対応している。

・「本記」＝首相官邸、東京電力などの記者クラブ担当（担当記者）を中心に、応援要員を投入する。あちこちのクラブ（国土交通省、JR、経済産業省、文部科学省、環境省、警察庁、都道府県警察本部、消防庁など）からばらばらに出稿してくる原稿を内勤記者が交通整理する。電話やメールで補足取材してまとめる。

・「雑感」＝現場に行った記者が取材して出稿する。ヘリからの取材もある。原則として「現場に近い者」「現場に早く到達できる記者」から投入される。東北の支局にいる記者が多かった。前述のとおり、応援の記者も入る。

・「解説」＝専門記者、あるいは専門家に取材した記者が出稿する。

つまり紙面は人（記者）の動きに対応しているのである。

このうち「本記」はどの新聞やテレビも、同じ記者クラブ、同じ記者会見が発信源なので、どうしても多様性が乏しい。同じ発言者が言った同じ言葉を、どう書くか、どう理解解釈するか、という「同じ素材をどう味付けするか」の勝負になる。「解説」も「専門家」の顔ぶれは限られているので、報道を繰り返すうちに多様性は尽きる。放射能災害を解説できる専門家の数そのものが少なかったうえ、その多くが「原子力発電に肯定的な立場」だったため、あるいはテレビや新聞が危険の警告に過度に抑制的だったため「安全・安心」を強調する識者ばかりが登場して発言、読者や視聴者が猜疑心を膨らませる、という結果に陥ったのはご承知のとおりだ。

3．11のような「現場」に巨大な面積がある事件は、言い方は悪いが現場取材をする記者にとっては「宝の山」のような環境である。取材対象の面積は広く、数は無数にある。「立入禁止」などの取材の規制はほとんどない。「記者会見」や「解説」とちがって、ネタの宝庫だったはずだ。

同じ「事件」でも、例えば、ライブドア事件などのように、警察や検察が企業犯罪を摘発した場合、現場は家宅捜索先などに限られていて広がりがない。またオフィスビルには自由に入ることができない。風景も個性に乏しく単調である。

そういった意味では、本来、3．11報道は新聞テレビなど報道各社が多様性に富む記事を発信できたはずだ。

もし記者に独特の視点や個性があれば「現場でどんな発見をするか」によって、特ダネや独自ダネを書けるチャンスが無数にある。特に、3.11のような前例のないカオスの中では、ならうべき前例がないのだから、記者の個性が存分に発揮されるはずだった。

ところが、番組や紙面を見ていても、そうはならなかった。そうした新規性、独自性、創造性はほとんどなかった。どの記事、番組ともよく似ている。そして震災発生後2週間~1ヶ月でパターン化、マンネリズムに陥った。
3.11の「現場もの」を分類しておく。

1 家族、自宅、仕事場、大切な品などを喪失する痛み。
2 生存者の美談。希少な可能性の実現(生存、再会など)。
3 非日常生活の苦労、窮乏、欠如。
4 破壊の惨状。被害の大きさ。自然の破壊力の大きさ。
5 救援者や救出者など「解決者」の活躍。
6 行政、公的サービスの努力。

7 逆境に耐えて生き残ったもの。
8 応援、支援。応援する歌を披露した。高校野球で東北のチームを応援した、など。
9 復興、再生、回復。
10 そのほか。

こうした報道で「主人公」に選ばれるのは「(若い) 女」「子供」「動物」「救出・救援者」が多い。実は、「女・子供・動物」を好んで取り上げる感性は私にとってはおなじみの感覚だ。私がまだ新米記者だったころ「どんな記事を取材すればよいのでしょうか」とデスクに聞いたときの彼の答えが「女・子供・動物」だったからだ。

新聞テレビはもともと警察記者クラブを取材の拠点にして警察との接触が多いので、警察やその類似組織(自衛隊等)を主人公にした「救援者」記事も多くなる。

お気付きと思うが、こうしたパターンは前述の「えくぼ記事」の取材基準がそのまま3・11報道に持ち込まれただけの話である。

新聞やテレビが好む美談報道を抽象化すると、

「困難あるいは逆境の中でポジティブな価値を実現した」

という「物語」を持っている。さらに3.11にこれを応用すると、「大災害という困難な状況（逆境）でXというポジティブな価値を体現した」になる。

Xに代入される価値観を列挙してみよう。

①「家族愛＝兄弟姉妹、親子、夫婦」、②「勇気または勇猛＝警察官、自衛隊、消防士、医師、看護婦、物資運搬者など」、③「友情＝学校、級友など」、④「団結または結束＝職場、ご近所、宗教などのコミュニティ」、⑤「誠実または正直」、⑥「復帰あるいは回復」、⑦「忍耐」、⑧「努力＝スポーツ、学業、仕事など」

こうして分類していくと、新聞やテレビの記事番組は、驚くほど少数のパターンに納まってしまう。実は、新聞やテレビが描く「世界」あるいは「人間」は、このように、非常に狭い、多様性の乏しい世界観あるいは人間観でしかない。あえて挑発的に言えば「凡庸」なのだ。

抜け落ちたまま顧みられないXもある。

例えば「恋愛」。恋人を震災や津波で亡くした、愛する人と避難で別れ別れになって会えない、といった悲劇は被災地の人々の現実として非常に重要なはずなのに、そういった記事はほとんどない。特に性的な要素を含むものはない。そうした「新聞テレビ的現実」から抜け落ちてしまった現実は実にたくさんある。

「女・子供・動物」を主人公にしたがるのは、新聞テレビ報道の視点が「女・子供・動物ではない人」＝「成人男子」に置かれているからだ。「成人男子以外の少数者」が「珍奇」としてニュースになっている。「心身に障害を持つ者」もそこに入れることができる。さらに「既婚成人男子」を視座にしているので「恋愛」という価値観も抜ける。テレビは「既婚女性」も視座に取り入れているので、若干重ならない部分もある。

こうして「記事の視座」を丹念に洗い出すと、新聞やテレビがどのような価値観で世界や人間を見ているかが浮かび上がってくる。

膨大な記者による通り一遍の報道

被災地に取材に入った媒体は無数にあった。ところが、記事番組のパターンはごく少数である。まるで多数の媒体が、屋上屋を重ねる、ダブリの作業をするために入り乱れているようだ。さらに同社内の複数の取材班（ある民放は1局だけで40クルーが現地取材に入っている）が加わると、もっとすごい数になる。「媒体数や番組数は多いのに、どれも類似したパターンをやっているため多様性が乏しい」という矛盾した事態が私たちの眼前で展開しているのだ。

こうした「報道の多様性の欠如」の何が問題なのか。

多様性の乏しい情報環境下では、読者は複数の情報をつきあわせて判断するという作業ができない。

福島第一原発の暴走が始まってから、多くの国民が感じた強烈なフラストレーションのひとつは、本当は何が起きているのかまったくわからない、ということだったのではないだろうか。

水素爆発の映像が流れたとき、政府や東電の冷静さは逆に不自然に映った。枝野幸男官房長官が「爆発的事象」と言い換える。なぜ「爆発」と言わないのか。「何か隠しているのではないか」という疑心暗鬼が始まる。「深刻な事態を隠そうとして冷静を装っているのではないか」と疑う。原子炉の構造も報道されない。どこまで原子炉が破壊されたのかわからない。爆発の重大さが評価できない。

当時、原発素人である私は必死で世界のサイトをめぐり、フェイスブックで情報提供を呼びかけて、ニューヨーク・タイムズ・ウエブ版のインタラクティブイラストにたどり着いた。そうして原子炉の構造図を手に入れた頃、NHKでは記者がスケッチブックにサインペンで手書きしたイラストで原子炉の構造を解説していた。新聞の図表には使用済み燃料棒プールの記入すらなかった。日本国内にある原発の仕組みを、ニューヨークの新聞のほうがわかりやすく解説していたのだ。

どこか新聞の1ページ、ウエブサイトの一角、テレビ1局、いやたったひとつの編集部でいいから「原子炉の構造を、わかりやすく、徹底的に取材し、解説しましょう」と動く記者がいなかったのか。不安に怯える全国の原発近隣住民のために、「全国の原発がどこにあるのか、構造はどうなっているのか、総まくりしましょう」「活断層はこう走っていると解説しよう」と特集記事やドキュメンタリーをやってもよかった。それが「原発事故はどう進行するのか」「自分の近隣の原発にも危険性があるのか」と怯えていた住民にとっては、何より知りたい記事だった。それがどこにもなかった。

陳腐な記事の連続にゲップが出る思いをされたかもしれない。次章ではなぜそのようなことになってしまったのか、原因や背景を考えていこう。

第2章　「断片化」が脳死状態を生んだ

疑問を持つ能力

まず「クエスチョニングの欠如」について考える。欧米型のジャーナリズムでは「クエスチョニング」は記者の仕事の根幹をなす、もっとも重要な作業である。が、それに該当する概念と作業が、日本の既存メディアの文化にはない。よって日本語にもならない。これは日本と西欧型報道の最大の文化差でもある。

“question”という英語の動詞は、ただ単に「問う」「質問する」という中立的な意味ではない。「(目の前の現実は真実ではないのではないかと疑う前提で) 真実を探る」という意味だ。例えば“questioning eyes”といえば「不審そうな目つき」「疑いの眼」という意味になる。報道の文脈では「表面からは見えない真実あるいは本質を探ること」と訳してもいいだろう。

これが政府や大企業といった「権力」取材に応用されると「権力が隠している真実や本質を探る」「発表の向こう側にある真実や本質を探る」という作業になる。

こうしたクエスチョニングのための思考を"skeptical thinking"(疑いを前提にした思考)という。これも欧米的な報道記者にとっては根幹、当然の所作だ。日本の社会文化にある「疑うと相手が気を悪くする」という「遠慮」の発想はない。むしろ「疑うこと」こそが仕事である。

ところが、こうしたクエスチョニングが、ふだんの日本の新聞やテレビの記事や番組に表れてくることは、ほとんどない。まして3.11報道のように、日々刻一刻状況が変化していく、つまり新しい情報が後から後から押し寄せてくるような状況になると、まったく歯が立たない。

クエスチョニングの欠けた記事がどう見えるか。読者にすれば「発表そのまま」「発表タレ流し」という印象になる。また「それがどうした」「それでどうした」と言いたくなる。「それ」が記事の内容である。「どうした」はその先の思考を求める問いかけだ。つまり読者も知らず知らずに「その先へ行く思考」=クエスチョニングをしているのだ。

3.11報道の例を検討してみよう。

「ニュースピーク」を広めるばかり

「ニュースピーク」(newspeak)とは、イギリスの作家ジョージ・オーウェルが近未来小説『1984』の中で用いた言葉である。権力にとって都合の悪い現象を、耳あたりのよい言葉にすり替え、受け入れられるよう、印象や認識をネガティブからポジティブに操作する政策を指す。

こうしたニュースピークが海外で問題視され始めたのは、ブッシュ政権のころのアメリカだった。攻撃に非戦闘員が巻き込まれ殺傷されることや、軍事施設でない民間施設を誤爆することを「付随的被害」(collateral damage)と米軍や政府が呼び変えて発表したのが有名な例だ。この「コラテラル・ダメージ」という言葉は揶揄の意味で流行語になり、アーノルド・シュワルツェネッガー主演の映画のタイトルにもなった。

『1984』のようにその意図が邪悪であるかどうかは別として、3.11では、日本政府や東京電力が露骨な「ニュースピーク」を連日のように使った。しかもそれがそのまま新聞やテレビに流れた。既存メディアは、そうした「ニュースピーク」を検証し、指摘し、反駁するクエスチョニングにほとんど無力だった。

「計画停電」というごまかし

3.11で、ニュースピークが無検証にマスメディアに流れ、定着してしまった代表的な例は「計画停電」という言葉だろう。

この「計画停電」という言葉が初めて世に出たのは、3月13日の東京電力のプレスリリースと記者会見である。その詳細が会場の記者に渡ったのは、朝刊締め切り数時間前の午後8時というぎりぎりのタイミング。しかも片方で福島第一原発の緊迫した事態が続く中での突然の発表だった。記者にすれば作業時間も人手も足りない極限状況である。

こうした状況で、東京電力は当初用意した「輪番停電」という名前(3月12日付同社プレスリリース)をわざわざ「計画停電」に変更している。加えて菅直人首相が、同13日午後7時50分の会見で「私は東京電力に対し、明日から計画停電を実施することを了承した」と「計画停電」という言葉を使っているという事実から判断して、東京電力と政府の間で言葉の「すり合わせ」が行われ、何らかの意図を持って「輪番停電」は捨てられ「計画停電」という言葉が編み出されたことは明らかだろう。

3月13日は、福島第一原発事故の事態の悪化が刻一刻明らかになっていたタイミングにある。つまり原子炉が次第に「制御不能」に陥っているのではないかという不安が国民に広まっていたころだ。

ちょうどそのさなかに出てきた「計画停電」という言葉に、私は強い違和感を持った。あたかも「停電するのは計画のうちです」と、首都圏の停電という最悪の事態が織り込み済みであったかのような印象を与える。本当は、地震と津波というまったく予測できなかった要素によって、原発が制御不能になりかけていたのが実態である。それなのに事態が東京電力あるいは政府によって制御下にあるかのような錯覚を与える。

つまり「計画停電」という言葉には、印象操作の意図が見える。非常に「ニュースピーク性」の高い言葉なのだ。

ところが「なぜ、どういう意図のもとに計画停電という言葉を使うのか」「それはいつ、誰が考えたのか」「なぜ輪番停電という言葉は消えたのか」というような印象操作の有無やニュースピーク性を検証した記事や番組は見当たらない。それどころか、新聞テレビ報道は「計画停電」という言葉をそのまま大量にプリント、放送し、政府や東京電力のニュースピークの片棒を担ぐ結果になった。

ジャーナリズムや報道がその使命に挙げる「権力の監視」とは、政治家や捜査機関の

「スキャンダル」を発掘することばかりではない。こうした「ニュースピークの裏にある権力の意図」を検証することも、重要な「権力の不正の監視」なのだ。

「権力の不正の監視」には二種類ある。「スキャンダル」「不祥事」の発掘は「非日常的な権力の不正の監視」である。その一方には「日常的な権力の不正の監視」がある。政府のニュースピークを指摘し、糾す。最悪でもその宣伝には協力しない。プリントあるいは放送しない。権力の意図に無批判、無検証に従うことだけはしない。この後者が、日本の既存メディアは非常に弱い。

こうした報道を実現するためには「なぜわざわざ『計画停電』などという聞き慣れない言葉を使うのだ？」というクエスチョニングが必要不可欠である。しかし、既存メディアの紙面や番組では、クエスチョニングがまったくできなかった。露骨なニュースピークが来ているのに、そのまま通してしまった。「計画停電という言葉を使うこと自体が、政府・東電の意思の表れである」というニュースが出会い頭にあったのに、見逃してしまったのだ。

ついでに言っておけば、この「計画停電」では、クエスチョニングの欠如から見逃され、問われないままになった大きな疑問がもうひとつ残っている。「なぜ東京23区の停電を免除し、周辺の神奈川、千葉、埼玉などでは停電を強いたのか」という疑問だ。これは本来、住んでいる場所の行政区割りによってその住民を差別するという「法の下の平等」を侵す、はっきりいえば「差別的な」政策だった。

停電による苦痛と不便をなぜ、埼玉県の住民だから、千葉県だから、神奈川県だからと強いられ、東京23区の住民は免除されるのか。電気文明の便利さの享受が、行政区によって差別されるのはなぜか。その合理的な、あるいは法的な根拠は何か。

もちろん政府や東京電力の答えは「政府や企業の中枢機能＝首都機能を守るため」だろう。しかし、それは政府が求められなくても説明するのが民主主義におけるアカウンタビリティの鉄則だ。万一政府が説明しないのなら、それを質問し、答えさせるのが報道の真髄である「権力監視」なのだ。

これほどの大事に、それを追及した記事や番組があっただろうか。見当たらない。では、記者たちは何をしていたのか。東京電力の会見にいた記者何人かに聞いてみた。この「計画停電」の発表に出くわした記者たちは、いちように慌てていた。発表が午後遅く（夜のニュースや朝刊の締め切りまで数時間）、しかも、その発表内容にある「停電予定地域の地域名が行政区域名と食い違っている」「漢字が間違っている」など「間違いだらけだった」からだ。その後は「停電する地域を正確に紙面に載せることに懸命になった」と会見にいた記者は言っている。東電側との事実のすり合わせ、地名や漢字の確認、その入稿、校正校閲に記者たちは必死だったのだ。

しかし、これは報道の仕事を根本的に間違えている。前述のとおり、報道が検証すべき「権力監視」はそのような「地名、日時などデータを正確に伝達する」という「広報」の作成作業とはまったく別次元の作業なのだ。「どの行政区域名がいつ停電するのか」というような地名・日時データは、共同通信なり時事通信に取材させ、配信を受ければいいだけの話だ。新聞、テレビがよってたかって屋上に屋を重ねる必要はない。せめて1社くらいは、記者一人くらいは「なぜこんな地域差別があるのだ」とクエスチョニングする人はいなかったのだろうか。

こうして、政府・東電は説明せず頬っ被りしたまま知らん顔をしてしまった。あろうことか、停電区域の国民が「首都機能を守るためには、我慢しないとね」と政府の言うべきことを「忖度」して行動していた。

同じ失態は、枝野幸男官房長官が、一号機の水素爆発を「爆発的事象」と呼んだ時にも起きた。あの映像はどう見ても「爆発」だ。それを政府がわざわざ「爆発的事象」というふだん聞くことのない言葉に置き換えたのだ。何かの意図がある（おそらく事態を事実より小さく見せたいという意図）とクエスチョニングする＝考えるのが自然であろう。

少くとも、当時「政府や東京電力は、原発事故の実態について、過小にしか公表していないのではないか」という疑念が国民の間に広まっていた。そこに、官房長官が明らかな「爆発」を「爆発的事象」と言い換えたのだ。「政府は何か重大な事実を隠しているのではないか」という疑念が不安の火に油を注いでいた。そうした社会不安を鎮静するためには「なぜそんな言い換えをするのか」「そう言い換えることを考えたのは誰か」と、その意図を問い、検証するクエスチョニングの作業が不可欠だったはずだ。が、またしても新聞やテレビにはそうした記事や番組はなかった。それが疑心暗鬼の火に油をさらに注ぐ結果になった。

計画的避難区域のごまかし

ついでに言っておくと、この福島第一原発事故周辺のゾーン設定は、もっとも見解の分かれる問題であるせいか、政府によるニュースピークが頻出している。例えば、同原発にもっとも近い「強制的に住民を退避させ、その後も許可無く立ち入ることができなくする」ゾーン（半径20キロ）を、政府は「警戒区域」と呼んでいる。これをなぜ「立入禁止区域」と呼ばないのか、私は当初から不思議だった。現地は警察が検問で道路を封鎖しており、報道でも許可証がないと入れてくれない。運良く潜り込んでも、警察が巡回しているので、発見されれば、最悪の場合逮捕される。そこに家や会社のある地元の人でも、自動車のナンバーを記載した許可証がないと入れてくれない。どうみても実態は「立入禁止区域」なのだ。

この用語の根拠法は「災害対策基本法」である。しかし、法律家や官僚が使う言葉を、なぜ報道がそのままコピーし、パブリッシュしなくてはいけないのか。まったく何の根拠もない。「国民の移動・居住の自由を制限する」＝「憲法で保障された自由の制限」という重大な権力行使の場面に、なぜかくも無批判かつ無検証なのか。これは報道の主体性や意思の問題である。「ただの言葉じゃないか」と片付けることはできない。

同じ論法で、政府がいう危険な地域（30キロライン）の外にあったのに、チェルノブイリ周辺に匹敵する放射能汚染が発見され、全村民6000人が村の外に避難移住する悲劇に襲われた福島県飯舘村は「計画的避難区域」というニュースピークが冠せられている。放射能汚染の程度からいえば「20キロ圏内」＝「警戒区域」と同じか同等の立入禁止措置が必要なのに、なぜか「計画的避難区域」という別の名前がついている。汚染の程度は大差がないのに、全く別の被害であるかのような印象を与える。

ここを「計画的避難区域」と呼ぶニュースピークによって「放射能汚染の事実を政府が認めることが遅れ、住民を被曝させてしまうという致命的な失態を演じた」という事実が隠される。実態は「政府は放射能汚染に計画的に対応できなかった」のが現実なのに、あたかも「計画的に」対策が進行しているかのような「ごまかし」が広まってしまった。これは単なる言葉のすり替えだけにとどまらない。「温和な事実隠蔽」である。

死の灰が消えた？

「ニュースピーク」に既存メディアが主体的、あるいは能動的に参加していることもある。例えば、福島第一原発が暴走し始めてから「死の灰」という言葉が使われなくなった。その代わり「放射性物質」「放射性降下物」「核分裂生成物」などの言葉が使われている。

しかし、３．11後も依然として「死の灰」と呼び続けている記事も多数出ている。何が違うのか。「外国の核が出した放射性降下物」は「死の灰」で「日本の核が出したもの」は「死の灰」という言葉を避けて言い換えている。

例えば、2011年7月31日配信の共同通信電では、福島市で開かれた原水禁大会に参加したビキニ事件の被曝者について「『死の灰』を浴びた」と表現している。

あるいは、5月26日の毎日新聞では、チェルノブイリ原発事故を記録した映画の上映会を取り上げ、舞台となる村に「『死の灰』が降り注」いだ、と書いている。

「死の灰」と「放射性降下物」は別物ではない。「核反応から生じた放射性物質を帯びたチリ状の細かい物体が、熱や爆風で吹きあげられ、広い範囲に降り注ぎ、地上の人間に放射能による健康被害を与える」。こうした物体を英語で“nuclear fall out”という。つまり科学的にいえば「死の灰」も「放射性降下物」「核分裂生成物」も同じ物体＝フォールアウトを指している。少なくとも、3．11以前、マスメディアに出現する言葉に使い分けはなかった。

ところが、3．11後は露骨な使い分けがいつの間にか始まった。ヒロシマ・ナガサキ、ビキニ環礁水爆実験とそれによる第五福竜丸被曝事件、チェルノブイリなど、「日本以外の核あるいは原子力使用によるフォールアウト」は「死の灰」と呼ばれ続け、福島第一原発から出たフォールアウトは「死の灰」という言葉を避ける。そんな意図的な呼び分けが見える。

私が新聞社にいたころの経験でいえば、「社内で言葉をどう統一するか」は必ず「社内のきまり」がある。朝日新聞社では「用語幹事」という「用語を決める担当者」が置かれ、その決定は「用語のきまり」として社員に伝達されていた。その一種の「業務ルール」を守って記者は原稿を書き、その原稿をデスク、校閲担当者がチェックする。つまり記事や番組に現れる用語は「記者が勝手に決めていい」ものではありえない。全社的な意思統一がある。用語は新聞社やテレビ局の企業としての意思の表明なのだ。ゆえに外国の核によるフォールアウトを「死の灰」と呼び、福島第一原発事故では「死の灰」と呼ばないことは、毎日新聞社なり共同通信社の「統一された会社組織としての意思」なのだ。

福島第一原発から放出されたフォールアウトが住民の上に降り注いだことは政府の調査でも明らかになっている。なぜロシアやアメリカの核ならそれを「死の灰」と呼び、日本の核はそう呼ばないのか。同じAという対象に違う言葉XとYを与えるということは、読むものには「XとYという呼び名の物体は、違うものなのだ」「XとYは同じものではない」という認識に誘導する。「福島第一原発から出るフォールアウトは、チェルノブイリやビキニ環礁のフォールアウトとは別ものだ」という認識に誘導するのだ。

百歩譲って用語を変更するにしても、読者にその事実と理由を告知すべきだろう。「当社では、これまで放射性降下物を『死の灰』と呼んできましたが、今後は『放射性降下物』と呼びます」と告知すればいい。が、私には記憶がない。告知も説明もなく用語を変えてしまう現況は「何か都合の悪い理由があって、知られないように言葉をこっそりすり替えた」という印象を与える。

分析の欠如

クエスチョニングの欠如が最悪の形で出たのが、避難区域の問題である。福島第一原発を中心に、ドーナツを置いたような区域指定が設定されたのはご承知のことと思う。今では常識だが、現実には放射性物質はコンパスで描いたような同心円には飛ばない。

私は円形の規制区域の指定をニュースで見て、震災直後から「おかしい」と思った。特別な知識があったわけではなく、ごく普通の書店で売っている本を持っていたからだ。それは、『チェルノブイリクライシス』（1988年、竹書房）という本だった。その中に放射性物質の飛散した状況を示す地図が出ていた。そこには放射性物質が風に飛ばされ、風向きや雨雪、地形によって、まったくランダムに飛び散った様子が書かれていた。これは、私が自宅で本を１冊開いただけでもわかる程度のことだ。

こうしたばらばらの情報を組み合わせて、それが指し示す全体像、意味や方向をあきらかにする作業を、英語で“analysis”（分析）という。この場合でいえば、政府が発表する「同心円の避難区域」を記事にするだけなら「発表を、配布資料から記事や番組の体裁に直しただけ」である。この「同心円の避難区域」と「チェルノブイリ事故の例から考えて、原子力発電所から放たれた放射性物質はランダムに飛散する」というふたつの「情報」を組み合わせて「分析」すれば「同心円の避難では住民を被曝から守れない」という「より大きな全体の意味」「本質」「真実」が導き出せる。そしてこれこそが、被曝の可能性があった近隣住民にとって「どこに逃げれば安全なのか」という最大の関心事だったはずだ。ところが、当時の報道をたどってみても、こうした「問いかけ」を提示した記事や番組が見当たらない（記者会見で問うた記者はいるかもしれない。が、読者に記事や番組として伝わらなければ報道としては意味が無い）。

こうした「情報の断片」をパズルのピース、それを組み合わせた「全体像」をパズルの完成図に例えることができる。本来の記者の仕事は「完成図」を読者に見せることまでなのだが、日本の新聞テレビは「ピース」を素っ気なく読者に放り投げて終わっている。情報の断片《ピース》を手にした読者は、どういう意味があるのかわからず、途方に暮れるか、めいめい勝手な全体像を想像するしかない。これはユーザー（読者）に不要なフラストレーションを与えるという意味で、極めてユーザー・アンフレンドリーである。

この誰も導くことのない方向性のない「想像」は、時に疑心暗鬼へと向かう。ツイッターなどインターネットを観察していると、当時から「政府内の原子力推進派の陰謀」「マスコミは広告費で電力業界に買収されている」「東日本大震災はアメリカの地震兵器が起こした」など現実と想像がミックスされた「陰謀説」が飛び交っている。報道が「なるほど全体像はそういうことか」という社会の多数に「得心」をもたらさない限り、多くの人々は陰謀説をふくめた「空想の領域」で右往左往し続けるだろう。

組織の断片化＝記事の断片化

「断片化」という言葉は、英語の“fragmentization”の日本語訳である。「ハードディスク（ＨＤ）の断片化」という言葉を聞いたことがあるかもしれない。本来関連のある情報がHD上のばらばらな場所に記録され、その関連を探してうろうろするうちに、パソコンの効率ががた落ちになる現象を指す。ハードディスクの断片化を直して情報を整理統合し、パソコンの処理能率を上げることを「デフラグをかける」(デフラグはde-fragmentization の略語）という。パソコン用語として、聞き覚えがあるかもしれない。

コンピューター用語以前に「断片化」という言葉を多用していたのは、臨床心理学である。特に臨床心理学者ハインツ・コフートが「自己心理学」の重要な概念として提唱した。雑駁にいえば、本来はひとつの価値観によって統合されているはずの人格が、ばらばらになって、その相互のつながりや関連性、意味を見失うことを指す。コフートの学説では、様々な精神病理を引き起こす概念として重要視されている。

この「断片化」が、新聞テレビの報道でも起きている。まず「記事が相互のつながりや関連性を見失ったまま、ばらばらに出ている」という「記事の断片化」がある。またそれを書いている記者たちがばらばらのまま組織として機能していない「組織の断片化」がある。

まずは「記事の断片化」の実例を検証してみよう。

例えば、この読売新聞5月26日付朝刊記事。私は非常に混乱した。

「東電女性社員の被曝　保安院が厳重注意　経済産業省原子力安全・保安院は25日、東京電力福島第一原発で放射線業務従事者でない女性社員2人が、年間限度量の1ミリ・シーベルトを超えて被曝した問題で、同社を文書で厳重注意し、個人線量計の確保など7項目の再発防止を指示した。

同原発では事故後、放射線管理区域外でも放射性物質が濃度限度を超えていたのに、同従事者でない女性社員5人を働かせていた。保安院は、放射線測定者の増員、同原発と福島第二原発で内部被曝の評価を徹底することなども求めた」

この記事に先立つ4月、政府が福島第一原発の周辺地域での年間許容被曝線量を1ミリシーベルトから20ミリシーベルトに引き上げたことが強い批判を浴びていた。福島県では、子どもの被曝限度が20ミリシーベルトでは高すぎるという声が噴出していた。すでに基準は20ミリに引き上げられているのに、なぜ「社員を1ミリシーベルト以上被曝させた」として東京電力が「厳重注意」されなければならないのだろう。

読売新聞の記事が読む人を混乱させる原因を考えてみた。東電の女性社員が被曝した

「当時は」基準は年間1ミリだったが、その後になって基準が突然年間20ミリに「緩和」された、という記述がないのだ。

読売新聞がどういう価値軸をもとに記事を執筆掲載したのか、不明である。読売新聞が独自に旧基準（年間1ミリシーベルト）に沿って判断をしたなら、政府が東電を「厳重注意」する判断は正しい。しかし、その後福島県の広い範囲で旧基準を上回る線量が多発している。その住民全員の被曝について「厳重注意」に等しい処分をするべきだろう。しかし、読売の紙面にその視点はまったく見られない。新基準（年間20ミリシーベルト）に沿う場合は、政府が東電を「厳重注意」することは不要あるいは無意味という結論に至る。つまりこの記事の掲載そのものが矛盾している。

要するに、どちらの場合でも、この読売の記事はねじれていて意味不明なのだ。

私も含めた読者は、すでに基準が20ミリシーベルトに引き上げられ、それをめぐって世論が沸騰している、という情報を知っている。よって、読売の当該記事を読んだとき、読者はそのふたつの情報の断片を組み合わせて「分析」しようとする。読売新聞の記事は、二つの基準と今回の「厳重注意」がどういう関係にあるのか、その関連性に言及しなければならない。そうしないと、この記事は、読者を混乱させるだけで、意味が通らないどころか、有害ですらある。

つまり読売新聞紙面では、当該記事と「被曝許容基準の緩和」というふたつの情報は、ばらばらになっていて、相互の関係が見失われている。そして「全体像」も見えなくなっている。書いた記者も関連性を見失っているのか、記者はわかっているが、記事をそのように書いていないのかは、わからない。しかし、少なくとも最終製品である新聞紙面からは、その関連性は見えない。断片化している。

もうひとつ「断片化」のわかりやすい例を挙げよう。7月3日の毎日新聞朝刊1面に、福島第一原発の内部を掃除するアメリカ製ロボットが活躍している、という趣旨の写真つき記事が出ている。同じ内容の記事が産経、朝日のほか共同通信やNHKニュースでも1~2日に流れている。

「東京電力が、福島第一原発3号機の原子炉建屋で、放射性物質に汚染された砂やほこりの除去作業をするための米国製ロボット『Warrior』の画像を公開した。人間が長時間作業できないところでは、このロボットが作業を行う」

これが各社が報じている内容である。大体、どこも同じ内容なのは、7月1日に東電が写真つきで発表したプレスリリースが原資料だからだ。これだけを読むと、深刻な事態の解決に「新戦力」が加わったというポジティブな印象を持つ読者も多いだろう。

しかし、これはプレスリリースと提供写真をそのまま使って記事をつくった、粗雑な記事である。だからどの新聞テレビも、肝心の本質を見落としている。「なぜ日本はロボット工学を世界に誇っているはずなのに、今こそという高放射線量下の作業に日本製が投入されず、アメリカ製のロボットが使われているのか」という視点だ。

実は朝日新聞が5月14日夕刊でその答えを書いている。1999年に茨城県・東海村で起きたJCO臨界事故のあと、通産省は作業用ロボットの開発に30億円の予算を投じた。そのかいあって、日立製作所、三菱重工、東芝など4社が2001年に6台のロボットを開発した。ところが、いざ東京電力などに話を持ちかけると、相手が露骨に不快感を示し、導入は頓挫。2006年にロボットは廃棄され、仙台市科学館に1台が残るだけだ。「原発無人ロボ　東電『いらぬ』　JCO事故後　30億円で開発→結局廃棄」と題され、1面から社会面へと展開する大きな記事だった。

この朝日新聞の記事を併せて読めば、7月の「米国製ロボット大活躍」という記事が、プレスリリースを書き写しただけの、粗雑でおめでたい記事だということがわかる。5月の記事と、7月の記事をつなぎ合わせると、まったく別の「真実」あるいは「全体像」が見えてくる。つまり米国製ロボットが「活躍」しているのは、それまで電力会社が慢心して事故を想定せず、日本製ロボットの導入を拒否したからで、そのせいで30億円もの税金が無駄に使われた、という「真実」である。

東電が「米国製ロボットを掃除に使っている」と広報発表したとき、記者がすべきことは「なぜ日本製ではないのか？」と問う（クエスチョニング）ことだった。すでに「日本製ロボットを拒否したから」という5月の朝日の記事を記憶しているなら（それくらいは当然だと思う）、「ロボット大国日本、いざという時に無力　電力会社が国産ロボット拒否　30億円の税金が無駄に」という記事を書くのが正しい。最悪でも米国製ロボットの広報発表など無視する（ボツにする）のが正しい選択だろう。

東電が発表した「福島第一原発の高い放射線下で人間が入れないのでロボットが仕事をしている」という事実は、単なる情報の断片＝パズルのピースである。これは「日本製の作業ロボットを電力会社が拒絶した」という別の情報のピースと組み合わせて、初めてパズルの全体像が見えてくる。それをしない広報そのままの記事は、全体を貫いている「意味」や全体像が見えない。やはり断片化しているのだ。

断片化を防ぐのに、そう難しい、あるいは煩雑な作業は必要ない。毎日、新聞各紙を読んで内容を暗記している必要はない。パソコンのデータベースで検索すればいい。7月のリリースが出た時点で、朝日の5月14日付記事を見れば、そうした関連性は簡単にわかることだ（私ですら、今そうしている）。

専門記者はどこに消えた

こうやって「記事が断片化」し「紙面が断片化」している現象に加え、もうひとつの問題が第1章で触れた「新聞社やテレビ局といった報道組織そのものが断片化し、バラバラになり、組織として機能しなくなっている」という現象である。

インターネットで中継される東京電力や首相官邸、あるいは合同記者会見を見た多くの人は「マスコミには、原子力や地震に詳しい専門知識のある記者はいないのか」という声を、ツイッターを始めとするネットで表明していた。会見で記者たちから上がる質問があまりに初歩的、あるいは記事が幼稚すぎるという指摘だった。

新聞社内にいた私がこの質問に答えるとすると、こうなる。

「かなりの専門知識や人脈、取材経験を持った記者はいる」「しかし、その人材を紙面や記事に反映し、読者の利益を最優先するような組織の構造や運営、管理がない」。

基本的な事実として、確認しておく。私がかつて働いた朝日新聞社の場合、全国で2000人から2500人の「記者職」の社員がいる。ほぼ全員が、東京・大阪・名古屋・福岡の「四つの本社」か、それ以外の「総局」「支局」（各社で名称が違うが、読者側には大きな意味はない）に所属している。そしてほぼ全員が「警察本部」「地方検察庁」「地方裁判所」「市政」「県政」などの「担当」を持っている。

「どうして全国にたくさんの新聞記者がいるのに、原発の危険性を警告する記者がいなかったのですか」と、新聞社勤務の経験がない人によく問われる。答えは「ほとんどの記者にとって、原発の取材は担当ではないからです」である。

ほぼ全員の記者には、新聞社の「人事」として「担当」が割り当てられている。「原発」に関係のある「エネルギー業界」「原子力産業」担当になれば「仕事」だが、それ以外は、一義的には自分の仕事に関係がない。「警察担当」なら「警察署」「県警本部」、「司法担当」なら「裁判所」「検察庁」を取材している。それぞれが担当する機関の記者クラブに常駐していることが多い。例えば「県警本部」の担当記者が、「原発は地震に弱いのではないか」と個人的な問題意識を持って取材したとする。これは基本的には「越権行為」「縄張り荒らし」であり、原発担当の機嫌を損ねる可能性がある（よほどの特ダネを最初につかんだ、あるいは何かの犯罪捜査として警察が動いている、などの場合はその限りではない）。そうしている間に、本来の持ち場である「県警本部」で「他社に抜かれた」というような事態が起きると、立場はまずくなるだろう。「まず自分の持ち場を守ったうえで他のことをやれ」と叱責される。

つまり、新聞社に社員として勤務する新聞記者に「自由に好きなテーマを取材していい」という立場の人はほとんどいない。人事としての「担当」に縛られる。これは新聞社勤務経験のある私のような人間には常識だが、案外知られていない。

例外は原発事故のような大事件の時だ。これは「兵力総投入」になるので、担当でない記者も総動員で取材に加わる。しかし、これは短期間の「非日常」であり、収束してまた「日常」に戻ればそれぞれの担当に帰る。

一生「原発」に関係のある担当にならないまま記者生活を終える社員も多数いる。例えば、私が最初に赴任した三重県津支局は中部電力の原発立地予定地（芦浜原発）を持っていたが、私は「警察」「司法」「市役所」担当だけで2年間過ごして異動したため「原発担当」にはならなかった。原発問題のような複雑な取材対象は、当時の私のような新米記者には回ってこない。経済担当の先輩記者の仕事だった。中部電力の浜岡原発見学会に参加したこともあるが、それは「研修」として参加しただけで、記事にはつながらなかった。もちろん本を買って読むくらいはするが、それは個人的な「読書」「勉強」の範囲だった。そして17年間一度も原発に関する記事を書かないまま新聞社を辞めた。

新聞社で日常的に原子力発電所をウオッチして、取材・執筆を担当するのは四つの本社の科学部（原子力）、経済部（エネルギー）と、原発がある都道府県の県庁所在地支局にいる、その都道府県の経済あるいは科学担当記者だけである。全国で20〜30人、多めに見積もっても50人くらいだろう。この「所属本社・部」「総局・支局」「担当」は人事異動として数ヶ月から数年で変わる。

地方勤務ののち、本社の科学部か経済部で原発担当にならない限り、そこで原発取材とは縁が切れる。本社の科学部記者になったとしても「一生原発だけ担当した」という人はまずいない。ローテーションで担当が医学、バイオ、ITなどと変わるからだ。また「原発」担当と「地震」担当は別であることが多い。「地震に強い記者」「原発に強い記者」はいても「原発と地震の両方に強い記者」は1社に数人もいない。その両方が、専門性が高いジャンルなので、記者の熟成に時間と手間がかかるのだ。

「××に強い記者」とは、関連文献を読みこなして「知識」があることだけを指すのではない。関連のニュース（地震発生、原発事故、科学上の発見など）が飛び込んできたとき、不明なことが出てきたとき、その全体像や位置づけを説明してくれるような学者、政策担当者（国、都道府県）＝キーパーソンを知っているか。その携帯電話番号、メールアドレスを知っているか。緊急ニュースが入ってきたとき、問い合わせの電話を取ってくれるか。すぐに返信してくれるか。俗にいう「人脈がある」「コネがある」とは、こういう実態を指している。

この「どこの本社所属か」「どこの支局所属か」「担当か、そうでないか」という「人事配置」の拘束は非常に強い。「原隊」と社内ではよく言う。無断で「他の持ち場」に「越境」すると非常に嫌がられる。

封じられた専門性

一例を挙げる。私の手元に『「震度6強」が原発を襲った』という朝日新聞社の本がある。3．11の本ではない。2007年7月16日に新潟県などを襲った中越沖地震と、それが原因で柏崎刈羽原発で起きた火災を検証する本だ。出版は同年10月である。この本の「プロローグ」に、取材に当たった記者十数人の名前が記載されている。そのうちの何人が、3．11取材に投入されているのか、気になった。「原発が破壊される」というような甚大かつ専門知識の必要な事件取材では「以前に類似した事件の取材経験があるかないか」が非常に重要な資質になるからだ。以前から私が「地震と原発の両方に強い」として社内で名前を知っていた記者も何人かここに登場している。

その名前をたどると、少なくとも3人は3．11取材を担当していることがわかった。二人は東京電力関係の記者会見を担当し、もう一人は福島以外の被災地に駐在している。しかし、よく聞いてみると、うち一人は東電会見にずっと缶詰だったそうだ。現場を見ることができない。会議室で会見を聞いて質問しても、現地や実物を見ないと実感できないことはたくさんある。結局その記者は短い夏期休暇を取って「休日」として現地に入るまで被災地を見ることができなかった。別の一人は被災地に駐在したままである。

これは矛盾した現象ではないだろうか。もともと、読者が知るべき、あるいは知りたい「現実」はひとつの連続体なのだ。「3．11」という「ひとつの災害」なのだ。なのに、わざわざそれを新聞社やテレビ局は「東京での東電記者会見」「首相官邸」「福島県（さらに細かく南相馬市と周辺、福島県庁など）」と細かく分割し、大勢の記者にばらばらに取材させる。ばらばらに記事を書かせて、本来ひとつの災害をわかりにくく記事にして読者に見せる。個々の記者はわざわざ「分割された現実」というわかりにくい現実を取材しなくてはいけない。福島県の放射能災害の現場を見れば、一目で「この政策はおかしい」と気づくような現実（例：20キロラインで住民の被曝防止策を分断する）でも、現場を見ていない記者にこの実感は共有されない。これは記者にとっても読者にとってもマイナスである。

これが「組織の断片化」の害悪だ。「東電会見は東京本社社会部（または経済部、科学部）の担当」「福島県の放射能災害の被災地は福島支局など現地」といった「所属するのが本社か支局か」「経済部か社会部か」「同じ部の中でも、担当は何か」と所属や担当が細分化されて、「不必要に小さく分割された現実」をいじくりまわした結果、全体像を提示できなくなる。おまけに個々の記者も相互の関係性や全体像を見失って「断片化」してしまっている。

臨床心理学の「断片化」が様々な「症状」を起こす病理現象であるように、報道組織の断片化も病理に充ちている。個々の記者は一生懸命、勤勉に「担当」の取材に励み、記事を書く。しかし、それが「全体」の中でどういう意味があるのか、ほかの記者のほかの記事（過去の記事も含め）とどういう関係があるのか、見えない。見失う。全体像も見失う。集合体としての「新聞」をひとつの有機体として統合することができなくなる。「視点」「人間観」「世界観」「価値観」といった、メディアをひとつの「統合された人格」にするはずの「全体を貫く価値観」を失う。最終的に、新聞テレビは「断片化した記事やニュースの寄せ集め」に過ぎなくなる。

断片化は防止できるか

こうした断片化を防止するには四つ方法がある。（1）「会見・本社・省庁」等と「現場」といった「担当割りや地域割り」を超えて記者を動かす。またはそういう動きをする記者を置く、（2）会見を担当する記者に現場を、現場を担当する記者に会見（省庁、本社）を見る「余裕」を与える、（3）両者を交流させる、（4）全体像を見渡して調整するポジションを置く。だが、いずれも機能していない。

「経費削減」「コスト削減」のために、そういった時間や人員の余裕が排除されてしまったからだ。これはバブル景気崩壊後の経費削減で大きな流れが始まり、新聞・テレビ産業の斜陽化が本格化した２０００年代に加速、サブプライムローン危機以降に決定的になった。「無任所で担当を持たないような記者を置いておく余裕がなくなった」と新聞、テレビの報道部門から同じような声が聞こえる。人員や時間から「遊び」「余裕」「無駄」がなくなった、という言葉は、どれも同じ現象を指している。

「遊び」とは「サボっている」「怠けている」という意味ではない。かつては「毎日記事を書く義務を持たず、自分の意思と選択でテーマを選んで取材する記者」を「遊軍」と呼んだ。野球でいえばベースを守らない「遊撃手」(ショート)と同じだ。どの部署にも「遊軍」は何人かいて、記者クラブ担当を「卒業」した熟練の記者がつくポジションだった(だから若い記者の憧れでもあった)。私が直接体験した記事でいえば「リクルート事件」の調査報道は東京社会部の遊軍記者が取材チームの主力だった。こうした新聞社が誇るような大事件の報道では遊軍が活躍していることが多い。

しかしマスコミ産業の斜陽化の中でこうした「無任所記者」は「給料・経費などコストがかかるわりにたまにしか紙面に出稿しないので、コストパフォーマンスが悪い」つまり「採算が合わない」という認識が広まっていった。人員は削られ、かつてリクルート事件当時に活躍したような「無任所・無担当」という原義での「遊軍記者」はもうほとんど絶滅の危機にある。

こうした「コスト削減」で記者をギリギリまで削った結果、前述の（1）～（4）にあたるような柔軟な組織運営はほぼ不可能になった。

セクショナリズムの構造

よく言われる「セクショナリズム」「縄張り争い」も「組織の断片化現象」のひとつとして考えると理解しやすい。

震災発生後「SPEEDI」（緊急時迅速放射能影響予測）のデータが公開されない問題を指摘した初めての記事は、3月22日の朝日新聞東京版朝刊に掲載されている。この記事は実は大阪本社科学部の取材・出稿である。ところが、同部がこの記事の原稿を出稿してから、東京本社版での掲載（マスメディアの発信源である東京だけでなく、被災地である福島県に新聞を編集発行する）までに、数日の空白が空いたことがわかっている。

実はSPEEDIの端末は、原子力施設を抱える都道府県庁には必ずある。そのことにかなり早い時点で気づいた大阪本社科学部デスクの添田孝史記者が「なぜ肝心の時にSPEEDIのデータが公表されないのか」という疑問を記事化したのだ。全国紙には珍しく、政府へのクエスチョニングがなされた記事といえるだろう。この記事が早く掲載されていれば、住民の避難をもっと早く始めることができたかもしれない。

が、この記事は大阪本社からの出稿後、数日間掲載されないまま寝かされた。掲載が遅れた。掲載されたものの5面の目立たない扱いだった。翌日には読売新聞が同趣旨の「なぜSPEEDIのデータが公開されないのか」という趣旨を含む『海水監視』出遅れ 大気の観測を優先」「拡散予測、公表されず」という記事を2面に掲載した。扱いはこちらのほうが大きかった。この読売の記事あたりからSPEEDIのデータが公開されないことへの批判が高まっていく（たとえ政府が公表しなかったとしても、現地取材で計測する、あるいは風向きをマークするなどで、警告的な記事を出すことはできたはずだ）。

補足しておくと、東京本社は北海道から東北、関東、上信越、静岡から富山あたりまでを管内にしている。大阪本社は滋賀から関西、四国、中国、山陰地方から広島県まで。それぞれが別個に違う新聞をつくる編集権をもっている。これは全国紙ならどこでも大差はない。本社ごとに採算も給与も違うという新聞社もある。

朝日新聞社でいうと、新入社員は全国一括採用なのだが、最初に赴任した支局が大阪本社管内→ずっと大阪本社で勤務、という例が多い。東京本社管内でも事情は同じだが、東京管内は全国を動くことが多い。それを東京在勤者は「大阪（本社）は独立王国」と揶揄した。つまりそのような一種の「派閥」（本社閥）がある。

新聞社の内情など知らない一般読者はこう思うのではないか。重要な記事なら、書いた記者が東京にいようが大阪にいようが平等、公平に判断され、掲載される。ニュースの価値判断に関係はない。しかし、現実の全国紙の編集には、こうした合理的な判断より、目に見えない隠微な「本社ごとの境界壁」のほうが作用することも多い。各本社にそれぞれいる「科学担当」「原発担当」が時にはライバル関係になることすらある。

私が朝日新聞社にいたころから「地震と原発の両方に強い記者」として名前を知っていたのが、前出の添田記者だった。大阪大学工学部で分子生物工学を修士課程まで学んで90年に入社した。阪神淡路大震災の取材もしている。働きながら自費で阪大の社会人コースに通い、日本リスク研究学会の「リスクマネジャ」の資格を取った。前出『「震度6強」が原発を襲った』でも1章を執筆している。

3．11取材には、彼のような知識や経験の豊富な記者が力を発揮しているのだろうと思っていたら、違った。彼は被災現場も東京の省庁や会見も、取材していないし、記事を書いてもいない。なぜなら「大阪本社科学部の」「デスクとして」、大阪市北区にある大阪本社の中で連日流れこむ原稿を処理して紙面に載せる内勤に配属されていたからだ。結局、添田記者は震災2ヶ月後の5月に退社した（退社は震災前から決めていたという）。

一般読者はこう思うのではないか。原発や地震といった専門知識を持ち、その分野に詳しい人脈に必要な取材のできる記者は、全国のどこにいようと、もっとも重要な対象の取材に投入されている。3．11はそれに値する大事件のはずだ。そうした人材が新聞社やテレビ局にはいるはずだ。そうした柔軟な人事配置がされているはずだ。そうした人材が全国にいるのが全国紙の地方紙にはない強みだ。だからこそ地方紙ではなく全国紙のほうがブランド認識が高いのだ。

残念ながら、それは現実ではない。現実には、そうしたすぐれた人材がいても死蔵されてしまう。「内勤デスクなので現場の取材には出せない」「大阪本社に所属しているので、東京本社の取材には配置できない」などなど、機械的な組織運営によって、組織が壊死寸前まで硬直化している。こうして「人的資源」が「記事＝紙面＝読者」から分断されてしまうことも、組織の断片化の病理現象のひとつである。すぐれた人的資源がいても、それは読者に届かないのだ。

こうした組織の断片化の病弊が悪化を極めた結果、記者に専門知識があろうがなかろうが、そうした個人の資質は紙面や番組にほとんど反映されなくなった。

『ルポ東京電力　原発危機1カ月』（朝日新書）という本を書いた朝日新聞の奥山俊宏記者は、東大工学部原子力工学科の出身である。この本は3．11後、東京電力の記者会見に50日間通った取材の記録をまとめたものだ。1989年に同新聞に入社した奥山記者は、茨城県水戸支局（東海村を担当する）→福島支局と「原発担当」の黄金コースをたどった。が、その後は企業犯罪などの調査報道の担当である（志望して自分の意思で原発担当にならなかった、と奥山記者は記している）。

原子力工学科卒のバックグラウンドを持ち、東京電力の記者会見に通い詰めたのだから、さぞかし新聞の1面や解説で健筆をふるったのだろうと思いきや、まったく反対だった。奥山記者は、新聞に掲載される記事を書いていたのではない。その社員としての義務は「法と経済のジャーナル」という月額1050円の会員制有料ウエブサイトに記事を書くことだった。東電会見を取材することは、奥山記者の「志願」であって会社が投入したわけではない。新聞記事には彼のバックグラウンドは生かされていない。

朝日新聞の経済部編集委員だった原淳二郎記者もやはり東大工学部原子力工学科の出身である。入社して最初の赴任先は「原発銀座」をかかえる福井県だった。「関西電力が記者会見で、私が記者席にいると相手が警戒していた」「会見の前の日に担当副社長に呼び出され『疑問があれば今なんでも答えるから、明日の会見では静かにしていてくれ』と懇願された」と振り返る。原記者はそうした新聞社時代の体験を「マスコミ市民」2011年6月号に『原発を拒否できなかったジャーナリスト』として公開している。

が、その後、IBM産業スパイ事件の取材や民営化の時の電電公社担当などを経て通信・コンピューター関連の専門性を深めた原記者は、IT関連に強い記者として名が知られるようになり、原発問題から離れた。2004年に定年退職した原記者はもちろん3.11関連の記事を朝日新聞の紙面に書くことはなかった。「専門知識を持った記者は多数いるが、それを紙面に活かすように見抜ける管理職がいない」と振り返っている。

ここまでの記述は、私が朝日新聞社にいたため、朝日新聞社の実例を偶然よく知っていたにすぎない。朝日新聞社に限らず、全国紙やキーテレビ局はどこも似たような現象が起きているはずだ。

夕刊は廃止せよ

断片化の要因はまだたくさんある。

新聞の紙面の断片化をひどくしている要因として、夕刊の存在があげられる。

日本の全国紙は「日刊紙」と呼ばれるが、英語でいうdailyとは完全に違う。「朝刊・夕刊」と1日に2回新聞を発行するからだ（本社所在地から遠い県になると、夕刊と朝刊を同じ紙面に統合して配達する。『統合版』という。が、配達地域の勤務者以外は1日2回の締め切りを前提に動く）。私が勤務していたころ、夕刊の締め切りはだいたい午前10〜11時ごろから午後1〜2時ごろまで、配達地が遠い順から締め切りが3回あった。午後3時〜6時ごろまで一服すると、次は朝刊の締め切りが来る。だいたい午後10時〜午前1時ごろまで、これも遠い順番に3回締め切りが来た。つまり最大で1日に6回書き換えることになる。

いずれにせよ、基本的な構造は「夕刊→朝刊」サイクルである。日本の全国紙は「日刊紙」ではなく「半日刊紙」なのだ。欧米の新聞は夕刊紙であろうと朝刊紙であろうと、基本は1日1回発行である（週刊新聞すらある）。日本の日刊紙が特殊なのだ。

「昼過ぎですべての事象をいったんぶった切る。続いている場合は、途中経過を紙面に載せる」ものが夕刊に他ならない。朝刊に乗る記事には「夕刊の締め切りの後」＝「午後から夜にかけての動き」しか出ない。

これは不自然なことだ。自然災害は別として、人間の動きは「朝に始まり、夜に終わる。眠っている間は動きが止まる」というサイクルを基本にしている。朝〜夜という「1日」を単位にニュースを書いた方が、読者にとって、はるかにわかりやすい。夕刊はそれをわざわざ半日でぶった切り＝断片化して読者に報告するのだ。

そしてさらに厄介なことに、新聞は読者が朝刊と夕刊を漏れなく読み続けている（しかも関連記事を取りこぼしなく読んでいる）という、およそ現実にはありえない前提で紙面や記事をつくっていく。前の新聞に乗った内容がまた繰り返し載っていることを「ダブり」という。記者、デスク、編集記者など、新聞をつくる人間は「職人芸」的な細かさでダブりを取り除く。読者がもし「朝刊〜夕刊」サイクルを一度でも取りこぼすと、前後の関連がわからなくなる。3．11のように発生から半年以上も事態が進行し続けているニュースになると、この間朝刊夕刊サイクルを読み続けている読者など、同業者以外はまずいないだろう。重大で長期的なニュースほど、読者にはわかりにくくなる。

理解の障害が増える。これはおかしい。これも断片化の病理現象である。

つまり「夕刊は不要」なのではない。読者の理解の妨げになるから「有害」なのだ。よって、読者の利益のために、夕刊は積極的に廃止すべきなのだ。私は新聞社勤務中の1996年ごろから「夕刊廃止」を新聞の質の向上のために社内で提言していた。が、聞き入れられることはなかった。夕刊を廃止すると、記者だけでなく、広告、印刷など、全社的なダウンサイジングが待っているからだ（さらに詳しい議論は拙著『「朝日」ともあろうものが。』を参照）。

もうひとつ「時間軸の断片化」の例を挙げておく。

東京電力本社会見（あるいは合同会見）に詰めている記者たちは、ローテーションで会見に詰める。暴走する福島第一原発がいつどう展開するかわからないので、記者会見もいつ開かれるかわからない。即応するために24時間、会見場や近くに張り付いている。2～3交代で8～12時間ずつのローテーションを組む（新聞なら夕刊時間帯→朝刊時間帯→未明～午前）。工場の組み立てラインのようにすっぱり時間が来たら交代というわけにはいかない。非常事態など必要があればそのまま居残ることもある。とはいえ、ずっと「一人の主体が事実を見ている」わけではない。「福島第一原発事故」という

「ひとつの現実」をわざわざ時間軸で細分化して、記者たちはその「断片」を取材している。

これを「記者が疲弊して倒れない」労働条件の改善と記者も管理職も認識しているのだそうだ。私が新米記者だった20年くらい前は、ローテーションなどなく、事件があると現場（前線本部に借りた旅館など）や記者クラブに張り付きになったまま「解除命令」が出るまで何日でも着の身着のままだった。確かに、そうした「野蛮な」時代よりは「近代的」なのかもしれない。

このローテーションは「半日刊紙」と「速報主義」というふたつの特殊性が組み合わさった日本の新聞の需要に応えるためにある。

「速報主義」とは「最新の動きは必ず最新の新聞に出ている」という時系列優先の報道作業のあり方をいう。最新の新聞に載っていないニュースは「腐った」という。例えていうなら、魚を刺身で客に出すように「鮮度」を最優先に作業する手順に似ている。ここで最重要視される作業能力は「スピード」であり「能率」である。「正確さ」「明瞭さ」が最低限確保されれば「質」はあまり問われない。

半日刊紙は半日に1回締め切りが来て新しい新聞が出る。3．11のような大事件になると、いつも事態が進行する。「載せなくていいニュースがほとんどない」という状態になる。つまり記者はいつも「次の夕刊」「次の朝刊」のための準備状態＝「取材しっぱなし・書きっぱなし」という状態に置かれる。

当たり前じゃないのかと思うかもしれない。が、英米ではこうした「速報」（発生したニュースを最短時間で読者に流す）はロイター、AP、ブルームバーグといった通信社の仕事である。ニューヨーク・タイムズ、ガーディアンといった新聞の記者は朝刊（それしかないので、締め切りは夜になる）になっても「もう少し動きを見ないと全体像がわからない」などと出稿を見送ることがある。あるいは通信社から来た長めの記事を通信社のクレジットを入れて掲載する。これは、魚を刺身ではなく、グリルやムニエルにして、ソースや盛り付け、食器までを料理の一部として考える西欧料理に似ている。素材の鮮度はもちろん大事なのだが、料理に個性や工夫がなければ、速度が早いだけではだめなのだ。

その意味で日本の記者は、英米の定義でいえば「通信社の仕事」（速報）をまずして、さらに「新聞の仕事」をする。それも朝夕刊という2倍のサイクルで。形式的にいえば4倍くらいの負荷がかかっている。

記者会見で出た話をほかのローテーションの当番記者も共有できるように、記者たちは「(社内用)メモ」をつくって共有する。以前は手書きのノートを回覧したが、今はメールやサーバーでデジタルメモを共有できる。会見に出た記者が(手書きメモではなく)記者席で一心不乱にパソコンを叩いているのは、会見の要旨をそうしてテキストデータに直接入力したほうが、記事原稿としても、共有メモとしてもデュアルユースで使えるからだ。

かくして、東電(合同)会見の記事では奇妙な現象が起きた。新聞テレビの記者たちが書いた記事と、そこに同席していたフリーランスの記者たちの書いた記事を読み比べると、同じ一人の人間がずっと張り付きで会見をウオッチしていたフリーの記者たちのほうが、東電会見者の発言が前と矛盾していたり、約束していた回答をしなかったりしたときなど、すぐに気づいた。だから質問も鋭い。

これは「フリーのほうが社員記者より資質が優れているから」ではない。ずっと一人の人間がウオッチしているがゆえの利点、長所が出たのだ。新聞テレビの記者は、(1)メディアの構造(2)組織取材のゆえに劣位に陥る、という二重の矛盾に陥った。これは全国紙やキーテレビ局が持つ「組織型報道」の構造的な欠陥である。よって、いかに優秀な人材や機材をここに投入しようと、その構造的欠陥によって、読者にその資質が届くことはない。

こうして、もともとひとつの「現実」は（1）空間的（2）時間的（3）組織的の三重四重にも断片化された「記事」として読者に届けられる。この最終製品である新聞やテレビがグロテスクなほどユーザー・アンフレンドリーなのは当然の理といえるだろう。

第３章　記者会見は誰のためのものか

記者クラブは問題の根源ではない

ここまで筆を進めたところで一つ懸念がある。マスメディアや報道について興味のある人（本書の読者の多くはそうだろう）でも、前章までに述べた「既存マスメディアの不能問題は記者クラブ制度がすべて」と誤解していないだろうか。ふたつの問題を混同していないだろうか。実際に、そのような説を唱える論者もいる。しかし、記者クラブ制度が日本の報道の問題の根本かと問われれば、私の答えはノーである。まして「記者クラブが報道の諸悪の根源」などとは思わない。少なくとも「記者会見を（あるいは記者クラブを）開放すれば、たちまち報道の質は向上する」といった楽観論には、私は賛成しない。現実はむしろ反対で、記者クラブ問題は「既存マスメディアの不能」という病気の一症状にすぎない。それは失明や壊死が糖尿病という病気の一症状にすぎないことに似ている。目や足の手術をして病状の悪化を食い止めても、糖尿病がそのままなら、身体は決して健康にならない。

論点を整理しておこう。

まず「記者会見」の開放と「記者クラブ」の開放はまったく別の問題である。「記者会見の開放」から考えてみよう。

告白しておくと、私は「記者会見」の取材をこれまでほとんどやったことがない。それでも取材して書くという仕事は何一つ不自由なく成立した。私が書いてきた種類の記事や本に、その必要がほとんどなかったからだ。

「はじめに」でも触れたように、私は１９９１年に社内の異動で新聞から「アエラ」記者になって以後の10年間は、朝日新聞社の社員であるが「週刊誌記者」で「新聞記者」ではなかった。そのため記者クラブから排除された。だから記者クラブが開く記者会見にも（ごく少数の例外を除いて）出たことがない。２００３年に退社し、フリーの記者になってからは、もちろん記者クラブから排除されている。

それで官庁や企業取材が不自由だったかというと、実はまったく不自由も不便も感じたことがない。記者クラブが仕切る「会見」に出席しなくても、取材も原稿執筆も何一つ不自由なくできた。

ではどうするか。直接「担当部署」に行って「担当者」に話を聞くのだ。まず広報・報道担当セクションに電話をする。簡単に取材の用件を説明し、担当者の氏名、メールアドレス、ファクス番号を聞く。取材の趣旨や記事を書く媒体、締め切りとの関係でいつごろまでに取材をしたいか、取材の候補日、主な質問、私の略歴などを書いた文をファクスかメールで送る。そうした内容を、広報担当から、実務担当者につないでもらい、スケジュールをすりあわせて訪問し、会って取材する。

「朝日」「元朝日」の肩書きがあったから可能だったのではない。アエラ時代もフリー記者になってからも、取材を断られたことはほとんどない。特に中央官庁はほとんど断らない。取材慣れしていない地方の市町村役場では断られることはあるが、直接出向くとまず間違いなく対応してくれる。

例外はいくつかある。捜査機関である警察署、都道府県警察本部（東京では警視庁）や警察庁、検察庁は極端に閉鎖的、排除的かつ秘密主義で、庁舎内、広報部署の部屋にすら通してもらえないことが多い。たらい回し、警察署と本部の押し付け合いなど、数知れない。ここ数年は批判を浴びて、ファクスや電話での問い合わせには、最小限の回答をするようになった。しかもその回答の内容たるや、記事に役立つようなものはまずない。

先方にとって不利な内容の取材をするときは、企業や団体が断ることも多い。そのときは向うが取材を断ったやりとりを記事に書く。断られても「当人に取材した」のとできる限り等しい内容を他で取材する。それが腕の見せ所でもある。

私の個人的な実感では、記者会見で質問をして答えさせるより、実務担当者に対面して取材するほうが、はるかに成果が多い。取材相手一人〜数人とこちら一人（原則）なので、取材時間を独占できる。最大数の質問ができる。答えを聞きながら再質問し、不明点をその場で解決していける。取材の密度が高まる。声や顔の表情、手の動きを近くから観察して「言外のニュアンス」を察することができる、など。

記者会見に出てくるのはその団体や組織の責任者、長であることが多い。彼らが答えるより直接の実務担当者のほうがはるかに詳しく、ニュアンスも正確であることが多い。そうした実務担当者の多くは、記者会見には登壇してこない。

したがって、記者会見で取材をする利点があるのは、官庁・企業・団体など組織の長や、それに等しい決定権限者、映画・音楽スターなど「滅多に公の場所に出てこない」

「出てきても質問に応じない」「1対1の取材に応じない」かつ「その人物そのもの、発言、あるいは扱う事象のニュース価値が高い」場合に限られてくる。

もちろん、そうした人物に「1対1」で取材できるなら、それに越したことはない。そうした取材を新聞、雑誌やテレビは「単独会見」「独占インタビュー」「特報」「スクープ」などと呼ぶ。しかし、こうした人物は「自分が取材に応じること」そのものが記者にとって価値があることを知っている。だからそれと交換条件になるような「利点」がないと応じない。この「滅多に取材に応じない」ことそのものを、自分のマスメディア上での価値（希少性）を高めることに利用することもある。例えば外国の重要人物の「来日」はそれ自体が希少価値を持つ。音楽や映画スターだろうと経営者、政治家だろうとそれは同じだ。

しかし、ここでも、あくまで理想の取材は「1対1」である。仕事抜きで会って雑談をするように、相手が警戒心を解き、こちらは望むだけ質問と再質問ができる、という状態がベストなのだ。アメリカ人大物女優が「エヘヘ」とかわいい声で笑うとか、世界的家電メーカーの社長が着席するなり「あなたの雑誌の表紙は好きじゃない。だってクラいんだもん」と言い放つ挑発的な物言いの人だとか、そういう人間としての現実は、記者会見では出ない。そこから順番に「セカンドベスト」「サードベスト」……と条件が下がる。

記者会見で特ダネなど出ない。他社も聞いているから特ダネになりようがない。衆人環視のなか、腹を割ったやり取りなどできるわけがない。会見の外の取材のほうが断然実りが多い。新聞社やテレビ局に務める同業者たち、特に官庁の記者クラブにいる記者にとって、記者会見を記事にする作業は、どちらかというと退屈で、やりたくない仕事に入る。

記者会見開放の意味

汚職やスキャンダルで記者から隠れている相手に会うため、自宅前などで待ち構える、という話を聞いたことがあるかもしれない。それは「1対1取材により近づけようとすること」が本来の目的である。逮捕されてしまった人は警察が会わせようとしないので、逮捕された側の言い分がわからない。やむを得ずセカンド（あるいはもっと下）ベストとして、接見した弁護士に話を聞く、という手順になる（それすらされない逮捕記事が大半だが）。

したがって「(官庁、政党、政府、そのほか役所の) 記者会見をフリー記者、外国プレス、ブロガー (ネット記者) に開放するかどうか」という論争は「そうしないと記事が書けない」という実務上の要請から浮上したのではない。ひろく日本の「報道」「言論」「民主主義」の欠陥として浮上したというのが正確だ。

私はフリー記者になってからも、官庁や企業、団体の広報セクションに申し込んで、実務担当者に話を直接聞くという取材を日常的にやってきている (そういった公式ルートでは話せない内容は私的に会って聞く)。1990年代前半は「週刊誌の取材」と言っただけで断わられることが時々あった。が、退社した2003年以後は、そういう前時代的な対応はさすがに体験していない。取材される側の組織のフリー記者への対応は、よくなってきている。

以上のことから考えると「記者会見をフリー記者に開放したら、ある日突然、「飛躍的に報道の質が上がった」ということは期待できない。もちろん、ノーカットでネット動画中継をすれば、視聴者は自分で判断ができる選択肢が増える。多様性は豊かになる。しかし一方、ずっと会見を見続けるのは時間がかかる。現状では「得るものがあれば失うものがある」という状態なのだ。

誤解を封じるために言っておく。だからといって「記者会見をフリー記者に開放しなくてもいい」「今のまま閉鎖的、排除的でいい」とは決して思わない。反対に、現状の記者会見の運営はどう見ても非民主主義的である。いや反民主主義的ですらある。民主主義の原則から判断して、完全に間違っている。会見は開放されなくてはならない。

しかし、記者の取材実務の問題はそれとはまったく別の話だ。映画や小説には華々しい記者会見の場面がよく出てくる。あれは記者会見が「絵になる」からにすぎない。あれが記者の仕事のすべてと思ってもらっては困る。現実の記者の仕事は、はるかに多様だ。会見に出ないと記事が書けないというような分野はむしろ少ない。私のように、会見にほとんど行かずに本を何冊も書いている記者は多い。特に調査報道型の記者にとって会見取材の比率は極めて小さい。複数の新聞社やテレビ局が並んで聞いている場面からは、オリジナルな記事はめったに出てこない（他社がまったく気づかなかったことを書くことはありえる）。独自性の高い記事ほど、会見からは出てこない。ちょっと考えれば当たり前のことだ。

開放は当たり前

一方「記者クラブは即刻解体または廃止すべき」とも思わない。記者クラブがあらゆる記者に開放され、どの記者もが平等に扱われるなら、どうなるか考えてほしい。そちらの方が理想的ではないか。取材源から至近距離にワークスペースができる。アクセスが保証される。皮肉に聞こえるかもしれないが、これは記者にとってユートピア的な環境である。つまり現状の記者クラブは「存在」が間違っているのではない。「運営」が致命的に間違っているのだ。その存在をどうするかは「開放したあとの次の議題」なのだ。まして記者クラブの「部屋」を役所の中に置くことの是非、光熱費や電話代を誰が負担するのかなど、メインの議論からすれば枝葉末節でしかない。納税者が「税金を記者クラブの光熱費や電話代に使うのはやめてくれ」と言うなら、やめればいいだけの話だ。

私の考えはこうだ。「(官庁、政党、政府、役所の) 記者会見はフリー記者、外国プレス、ブロガー (ネット記者) すべてに開放されているのが当たり前」である。なぜなら、政府・官庁・役所が持つ情報はすべて「有権者・納税者である国民のもの」だからだ。「全部公開してしまうと国民に回復不可能なダメージを与える (国民が被害者になる) 情報」をミニマムに秘密にすることが許されているにすぎない。銀行預金が顧客のものであるように、政府が持つすべての情報は国民のものだ。ミニマムに秘密が許され、マキシマムに公開されるべきものだ。政府・官庁・役所が持つ情報はすべて「有権者・納税者である国民のもの」だから、会見には国民であれば誰が来てもいい。「暗殺者や暴漢が紛れ込まないように」というセキュリティ上のミニマムの例外だけが許される。

2010年前後から記者会見の開放が社会的論争になることが増えたのは、ユーストリームやニコニコ動画など、ノーカットのインターネット動画中継が入り、記者会見が誰にでも見られるものになったからだ。つまり「記者会見というものが存在する」ことが広く認知された。それが社会的議論の「論点」として認識された。上杉隆、岩上安身、畠山理仁といった会見開放を求めるフリー記者が記者クラブ加盟の新聞社やテレビ局の記者に妨害され、排除される。開放反対論者と論争を繰り広げる。そんな様子が、インターネットで「見える」ようになった。一般市民は「記者クラブというものが存在するのだな」「官庁や企業への取材は誰にでも開放されているわけではないのだな」と「問題を認識した」のだ。

本当に論じなくてはいけないアジェンダは「(官庁や企業の)情報公開」であり「その情報への国民のアクセス」なのだ。「記者会見の開放」論争は実はそのほんの一部、表面化した現象でしかない。その本質を抽出すると、こうだ。「政府や官庁が持つ情報は納税者・有権者である国民のものである」→「それを官僚や記者クラブが勝手に独占してはならない」→「ましてや、官庁や政府の情報への国民のアクセスを、私企業にすぎない新聞社やテレビ局が妨げてはならない」。つまるところ「記者会見・記者クラブ問題」は「日本という国における言論の自由」＝「民主主義のあり方」という問題の「症状」でしかない。

議論のすれ違い

「既存メディア側」と、それを批判する論者・世論との間で議論がかみ合っていないのはこの点である。既存メディア側は「国民の政府や官庁の情報へのアクセスを（記者クラブ制度を含め）自分たちが代行している」と考えている。批判者は「それはネットで代替できる」あるいは「自分たちでやれる」と信じている。これはどちらも正確ではない。現実は両者の間のどこかにある。

ネットというマスへの発信手段が並存する今、既存メディア「だけ」がアクセスの権利を独占していいのかという問いに対して、既存メディアは合理的あるいは説得力のある反論ができない。当たり前だ。もともと高速・大量伝達資源が新聞・テレビに「しか」なかったから彼らは記者クラブという特権を独占できたのだ（詳しくは後述する）。砂漠の真ん中で水を飲めるなら、それがエビアンなのか水道水なのか、誰も問わない。しかし、そんな時代は終わってしまった。独占的地位にいたときは許された質の低い記事も、今は許されない。インターネットという高速・大量伝達メディアが彼らの外側にできてしまったからだ。彼らには特権を独占できる根拠や正当性がもはやないのだ。

この際だから、民主主義の根本的な原則を確認しておこう。報道記者とは、国民・市民の「知る権利」の代理人、エージェントにすぎない。国民・市民の一人として「忙しい人々の代わりに見に行って報告する知る権利の代行業」なのだ。市民の一人なのだから、特権は何もない。国家資格も免許もいらない。多少のジョブスキルは必要だが、それは他のどんな職業も同じである。特権に耽溺してきた日本の既存メディアの記者たちにその自覚があるかどうかは別として、記者と国民・市民はひとつながりのものとして連続している。既存メディアの記者がアクセスしていいのであれば、フリー記者もブログ記者もアクセスしていい。読者（国民、市民と言い換えてもいい）の側からすれば、権力から自由でいるための情報を運んでくる記者がいい記者なのであって、メディアや社員資格はどうでもいい。

もうひとつ。記者クラブは「メンバー制集団」である。しかも、既存メディアが勝手に「アクセス代行権がある」と認定した者しかメンバーになれない。記者会見どころか、集団そのものに入れない。「既得特権を独占し続けたい」と思っている利害当事者である既存メディアがメンバー資格を審査するのだから、その選別がフェアであるはずがない。彼らに「君はアクセス権のある記者だ」「君はちがう」と選別する資格があるのかと問えば、その根拠は希薄だ。

繰り返すが、インターネット登場以前であれば、記者クラブはそれなりに説得力のある仕組みだった。情報を短期間に多数に向けて発信できるような「資源」を持つものが新聞、テレビなど少数だったからだ。つまり既存メディアの論理は「インターネット以前」の旧型ビジネスモデルの論理なのだ。

それは「希少性」によって支えられてきたビジネスモデルである。

希少性の利得

日本の新聞社やテレビ局は、旧時代の「希少性の構造」を今も引きずっている。

話をわかりやすくするために、私が朝日新聞社に入り、三重県津支局に赴任した1986年ごろのことを書いてみよう。そのころはインターネットはおろか、携帯電話すら支局にはなかった。そのかわり、軍隊用のようなモトローラ社の無線機があった。今では家庭用にすらあたりまえにある高速ファクスもなかった。ナンバーディスプレイもない、ずっしり重いポケベルが手渡された。ピーピー鳴ったら、支局が「連絡せよ」と呼んでいるということなので、公衆電話から支局に電話するのだ。

今では不要になった施設や機械がいくつもあった。(1)写真フィルムの現像室・焼付け用の暗室(2)ドラム式写真電送機(3)漢電カナタイプ等々。

当時の支局(写真部カメラマンのいる本社以外は全部)での取材では、写真を撮るのも記者の仕事だった。銀塩フィルムの一眼レフカメラである。フィルムは会社が支給した。全部白黒だった。取材先から支局に帰ると「現像室」に入って暗闇の中でカメラからフィルムを出し、浮きとおもりをつけて現像液タンクに沈める。そうやって「現像」したフィルムを、次は隣の「暗室」で印画紙に「焼付け」、絵の浮かんだ印画紙を定着液につけて写真ができあがる。現像液は酢のような酸っぱい匂いがした。シャツに液が付くと茶色のシミになりクリーニングでも落ちない。だからシャツとネクタイの上にエプロンをつけて作業する。手も荒れるし汚れる。厄介な作業だった。

そうやってプリントした写真を乾燥したあと「電送機」にかける。直径5センチほどの円筒形のドラムに写真を巻きつけてスイッチを入れると、ドラムが回転し、その上をレコード針のような読み取り機が水平に移動、電気信号に変える。それを電話回線で送る。名古屋本社側では、写真が受信機から出てくる。それが印刷原稿になる。1枚の写真を送信するのに10〜15分くらいかかった。

その後1990年代後半まで、写真取材はフィルム式カメラだった。その後デジタルカメラの画質が向上して、普及価格帯のデジカメで印刷原稿に使えるクオリティが出せるようになった。かつ処理速度やメモリ量の大きなパソコンが普及した。かつインターネット回線も高速になった。

こうして、デジカメ↓パソコン↓ネットというルートで高速で大容量の写真原稿を送る作業ができるようになった。その結果、暗室や電送機は無用になった。

「漢電カナタイプ」は事務机のような大きさの機械だった。一面に麻雀牌くらいの大きさのキーが並んでいて、漢字が割り当てられている。「パンチャー」という専門職が支局に常駐していて、手書き原稿をタイプする。機械は漢字とかなに変換、すると紙リボンに小さな穴がパンチされる。それを光学的に読み取って電気信号として送るのだ。ファクスはあるにはあったが、小型冷蔵庫のようにでかく、しかも送信速度が遅かった。支局が本社へ発信する大量の原稿すべてをファクス送信すると、締め切りに間に合わない。高速の小型ファクスが普及するのは1990年代中ごろ〜後半である。

上の世代の記者に聞くと、1960〜70年代は電話での「吹き込み」が一般的だったという。手書きの原稿を電話で読み上げ、本社にいる受信者が書き写す、あるいは「パンチャーさん」が漢電の前に座って「パンチ」するのだ。不急の原稿は、専用のバッグに入れて鉄道駅に持参すると「鉄道便」で輸送してくれた。東北だと午後6時、というように鉄道便の締め切り時間は決まっていた。この「鉄道便」は「ビン」という通称で、私が入社して数年はまだ使われていた。

全国紙なら全国の主要都市に支局や通信局の「通信網」があった。地方紙は、その都道府県や地域によく似た形の通信網を持っていた。

こうして振り返ると、新聞社は「高速通信インフラ」(文字、画像の送信技術)がまだ希少だった時代に、そうした「インフラ」を独占していた事実に気がつく。電話、ファクスが家庭に普及したあとでも、一般人が写真や画像を、印刷原稿に使える解像度で高速送信できるようになるには「デジタルカメラ」「パソコン」「高速インターネット回線」（ＡＤＳＬ、光ファイバー、高速の携帯電話回線など）がセットで普及する２０００年代以降まで待たなければならなかった。

そもそも、フィルムカメラ時代には、フィルムを現像してプリントする施設そのものが限られていた（個人経営の写真店、フランチャイズのプリントショップなど）。発生したニュースを短時間（といっても半日）で印刷して読者に届ける通信設備は、新聞社にしかなかったと言っていい。だから「ニュースを短時間で大量の読者に届ける」という業務に従事している人は、新聞社やテレビ局社員しかいなかった。一般の人はやろうとも思わない「専門の（あるいは特殊な）仕事」だった。

その資源の希少性や業務の特殊性ゆえに、既存マスコミ企業はある種の「特権集団」だった。ところがインターネット時代になって、その特権が「重荷」「弱点」になって彼ら自身を苦しめるようになった。

三つのCという特権

旧時代、新聞社やテレビ局の特権とは何だったのか。それは企業内あるいは「系列企業」内部に情報商品を流通させる「三つのC」を抱えていたことだ。「3C」とは次の三つを指す（3Cの定義は、グーグル社のエンジニア及川卓也氏の個人ブログから引用）。


「コンテンツ」（中身）contents＝ニュースの中身をつくる。

「コンテナ」（入れ物）container＝ニュースを商品として市場に出せるようにパッケージにする。

「コンベア」（流通）conveyer＝パッケージを市場または消費者に届ける。

	新聞社	テレビ局
コンテンツ	取材、執筆、撮影	取材、撮影
コンテナ	編集、印刷、製本	編集
コンベア	配送、配達	放送、送信

この「コンテナ」部門と「コンベア」部門は、高額かつ大規模な装置を必要とする

「装置産業」である。新聞社やテレビ局を巨大組織にした原因は「日本全国の読者・視聴者を顧客とする大規模市場対応の装置部門」だ。

記者が取材し、執筆した「原稿」は、テキスト原稿のプリントアウトのように、ただの文字の列でしかない。テレビも撮影カメラから取り出した「素材ビデオ」は、長時間すぎるうえに焦点がない。そういった「ただの文字」「ただの素材」であるコンテンツを「新聞」や「番組」という商品に仕上げるパッケージ化をしないと、市場で価値を持たない。

そのために必要なのがコンテナである。新聞社には、北海道から沖縄まで、都道府県、さらに細かい地域に新聞を作り分ける内勤の編集部門がいる。また数百万部という巨大な数の最終製品を1日で印刷するための、巨大な輪転機が全国に多数ある。テレビ局には、素材ビデオを編集するための高価なプロ用機材と編集スタッフがある。それに対応する莫大なマンパワーが必要なのも言うまでもない。朝日新聞社の例でいえば、全社員5000〜5500人のうち「記者職」(内勤を含む)は2000〜2500人で、コンテンツ制作部門は半分にすぎない。こうした巨大で高価な装置と人員を調達・維持するには、大きな「資本」つまりお金が必要だ。

そうやってでき上がった商品を消費者に届け、お金を生むためには「コンベア」がなければならない。新聞社でいえば、全国津々浦々に持っている販売店。そこに印刷した新聞を配送するスタッフや車両。販売店から家庭に配達するスタッフ。これも巨大なマンパワーである。テレビ局の、高出力の電波を送信するための送信施設は象徴的だ。

旧型マスコミ企業の特権が「3C」のうち「コンテナ」「コンベア」(パッケージ化と流通配送)を独占していることだというのは、素人目にもわかりやすい。しかし、実は「原稿を短時間(新聞の場合は半日＝12時間程度)で読者に届ける」という「コンテンツ」の制作装置にも独占があった。筆者の職業的な体験による実感では、インターネットが「原稿を送信するための通信インフラの独占」を最終的に終わらせたのは2000〜05年前後だったように思う。新聞社やテレビ局の独占と優位を、インターネットが無力化してしまったのだ。いや、それどころか、インターネットのほうがスピードでも情報量でも上になってしまった。

そうやって、インターネットが旧型メディア企業の独占物を開放してしまうと「新聞社やテレビ局が届けてきた記事や番組を多くの人が見ていた」＝「新聞・テレビがマスメディアたりえた」のは「それしかなかったから」＝「他に選択肢がなかったから」という消極的な理由だったことがわかってきた。「新聞・テレビでなくてはならない」という積極的な選択の理由は、インターネットが成熟するに連れて薄らぎ、3．11で大きく損なわれた。

「現在の新聞・テレビに『新聞・テレビを見なくてはいけない』ようなコンテンツがあるのか」「インターネットと比べてみると、実はないのではないのか」。そんな重大な疑問を、読者・視聴者は抱き始めている。旧型マスメディア企業にとっては致命的な「権威崩壊」である。「インターネットという強力な競争相手が現れた」などという生やさしい事態ではない。

「新聞社やテレビ局はコンテンツの優秀さによってマスメディアの支配者だったのではなく、インフラの独占によって支配者だった」ことが読者・視聴者にバレてしまったのだ。3．11報道に限らず、ここ数年の読者・視聴者の旧型マスメディア企業への怒りには、そうした「権威崩壊」に伴う「幻滅」が見てとれる。

こうした旧型メディア企業にとって最後の「独占」「特権」が官庁や政府、役所、企業への取材のアクセス権であることにお気づきだろうか。その独占的アクセス権を制度化したのが「記者クラブ」である。

政府や官庁のもつ公的情報へのアクセスを、私企業社員の親睦団体にすぎない記者クラブが制限する正当性は、どう考えても存在しない。おそらく独占禁止法の「公平な競争参入妨害の禁止」にすら觝触するだろう。しかし、旧型メディア企業にしてみれば、この「最後の独占的特権」が崩壊（＝フリー記者、外国プレス、ネット記者やブロガーも参入）してしまうと、もう独占的な優位性は何も残っていない。

もちろん、現在のところ旧メディア企業には「組織」と「人手」があるので、当面は単独型の記者より「能率」は高いかもしれない。だが、それは「半日という短時間のうちに数百万という大量の印刷物を印刷し全国に配達するためのシステム」だ。それが読者の望む「質的向上」をもたらすとは限らない。実際に、3．11報道ではそうした「質」は見られなかった。

記者クラブの本当の問題

「既存メディア独占」の「最後の牙城」になっている「記者クラブ」についてもう少し論を進めよう（なお、組織としての記者クラブと、部屋としての記者クラブ＝記者室は、分けて議論すべきまったく別の話である。ここでは前者に論点を絞る）。

記者クラブが取材源へのアクセスを独占して他メディア（国内の週刊誌、フリー記者だけでなく外国メディアも）を排除している、という批判は、実は1980年代後半からあった。プラザ合意（1985年）後に始まるバブル景気のなか、世界の注目が日本の経済力に集まった。海外の新聞社やテレビ局、通信社が日本の官庁の会見を取材しようとしたとき、記者クラブとの衝突が起きた。それは「日米構造協議」の中でも議題になり、官庁によっては海外メディアへの「門戸開放」が実現した。例えば通産省（当時）の記者会見への参加を海外メディアが求め、論争になったのは1987年である。

当時は、新聞・テレビが外国メディアや週刊誌記者を排除する、といった単純な図式ではなかった（例えば、郵政省記者クラブには民放テレビは加盟できなかった。理由は民放テレビが、郵政省が許認可を出す免許事業者だからである）。クラブの「幹事」だった朝日新聞経済部（当時）の原淳二郎記者は「会見の質疑応答を日本語でやるなら、外国メディアが記者クラブに入ってもらってかまわない」という方針を打ち出して他社を説得した。大蔵省（当時）はすでに海外メディアも受け入れていた。ところが通産省は消極的で、施設管理権を理由に会見に介入し、事態がややこしくなった。記者クラブ側はクラブが会見を主催することを主張した。いつの間にか会見の司会を通産省の役人が仕切るようになった。そんな3者の綱引きが行われていた。

1999年には、フリー記者の寺澤有氏が、松山地裁の記者クラブでクラブ員記者に配布された判決要旨の資料を配布されなかったことで精神的苦痛を受けたとして、国を被告に126万円の賠償を求めて東京地裁に提訴した（後に最高裁で敗訴確定）。2004年にも寺澤氏は札幌地裁でのフリー記者（寺澤氏本人）への差別的な扱いを提訴している（やはり敗訴）。こうした問題提起によって、遅くとも1990年代末には、記者クラブのフリーや週刊誌記者への差別は論点として表面化していた。しかし既存メディア側の認識は鈍く、自発的な改革は皆無といっていいほど出てこなかった。問題になっているのに放置したのだ。

また、こうした摩擦は、あくまで「報道業界内」の摩擦であって、社会全体に記者クラブが「問題」として認知されることはなかった。また社会全体がその議論に参加することもなかった。

しかし、インターネットが「記者クラブ」を「社会問題」に変えてしまった。

記者クラブが「アジェンダ」として広く認知されたのは、2000年代後半である。上杉隆氏の著作『ジャーナリズム崩壊』（幻冬舎新書）『記者クラブ崩壊』（小学館101新書）が出たのが、それぞれ2008年と2010年。この前後から、記者クラブをめぐる議論が激しくなる。排除されたフリー記者たちを先頭にインターネット上での言論が記者クラブを批判し、記者クラブ側は（ほぼ）沈黙する。そんな非対称的な構図が定着した。

ここでインターネットが果たした役割は大きい。ユーチューブやユーストリームを使って「記者会見をノーカット動画で放送する」動きが始まり、これまで「報道業界人」でもなければ見ることができなかった記者会見全体の様子が、誰でも動画で見ることができるようになった。多くの人が「記者会見」や「記者クラブに所属する記者たち」を視聴覚情報として把握した。その質疑応答の肉声ややりとり、会見者のふるまいから部屋、記者の雰囲気までが見えるようになった。

1980年代後半、遅くとも1990年代末には記者クラブの閉鎖性・排他性が表面化していた。それを考えると、新聞・テレビは四半世紀もこの問題を放置していることになる。なぜこれほどまで長期化したのか。

ここでも「断片化」の問題が顔を出す。

記者クラブや会見の開放が問題になると、開放を求める側との折衝窓口になるのは、クラブの「幹事社」の記者である。ところが、この「幹事社」は3ヶ月に1回くらいのペースで交代する。そのたびに新しく議事を引き継ぐ幹事社記者がくるくる代わる。さらに、同じ新聞社・テレビ局でも、そのクラブの担当記者は1〜2年で交代していなくなる。それぞれが社内で「人事異動」をする結果こうなるので、ますます顔ぶれの変化は激しくなる。例えば幹事社の記者が開放に理解を示しても、他の加盟社記者が反対だとすると、多数決を得るために説得しなければならない。その説得相手すらくるくる代わるのだ。

上杉隆氏に聞いてみたら、実態はその通りらしい。「幹事社が交代するたびに前任者と交渉してきた事実経過を一からこちらが説明し直さなければならない」と嘆いていた。

こうして「記者クラブ」を一貫して代表する「個人」は誰もいない、という結果になる。過去から現在まで、という時系列でもそうだし、多数ある記者クラブを横に貫く、という意味でもそうだ。言い換えれば記者クラブには、意思決定の主体になるような「人格」がないのだ。これは法律上の「人格」の意味ではない。そこにいる記者たちは、ずたずたに断片化されてしまって「記者クラブ問題」という社会的議論の当事者であるという認識すら乏しい。朝日新聞時代の同僚に「記者クラブの開放はどの程度社内で議論になっているのか」と尋ねると「まったく話題にすらならない」「問題だと思っている記者はいないのではないか」という答えが返ってきた。

もっと矮小な背景もある。記者クラブ幹事としての仕事は、取材してニュースを送り出すという仕事に直接の利益をもたらさない。取材に熱中している記者はやりたがらない。そこで何か変化をもたらしたとしても、自分の上司は評価しない。私の経験を思い出しても、町内会やマンション管理組合の役員のように「できれば引き受けたくない面倒ごと」と同業者は思っていた。

どこか1社が態度を決めても、記者クラブ内でほかの社が反対すれば、記者クラブの決定にはならない。それどころか、新聞社の業界団体である日本新聞協会が態度を決めても、何も変化はない。

実は、新聞協会はかなり進歩的なことを言っている。

「記者会見参加者をクラブの構成員に一律に限定するのは適当ではありません。より開かれた会見を、それぞれの記者クラブの実情に合わせて追求していくべきです。公的機関が主催する会見は、当然のことながら、報道に携わる者すべてに開かれたものであるべきです」（2002年）

「また、報道活動に長く携わり一定の実績を有するジャーナリストにも、門戸は開かれるべきだろう。報道機関やジャーナリストが、新たにクラブに加盟する場合は、それぞれの記者クラブの運営に委ねるべきで、参加形態も、常駐、非常駐、オブザーバー加盟など、それぞれのクラブの事情に応じた弾力的な運用が考えられる」（２００６年）

ところが、記者クラブは「自主的な組織」という建前になっている。新聞協会も新聞社も、社長だろうが局長だろうが、個々のクラブが決めたことに介入できない。「業務上の命令を下す」こともできない。そんな建前のまま硬直して、何も動かない。誰も何も決められない。ここでも「新聞協会→新聞社→記者クラブ」と、本来は一体であるはずの「報道」が激しく断片化している。もちろん、業務命令を守らせることには強権的な日本の新聞社が、こうした場面だけ何もしないことは「建前」を隠れ蓑にした不作為である可能性のほうが高い。が、意図が何かは別として、結局事態は何も動かない。知る権利の権利者である市民だけが「薄く広く」損害を被り続ける。

世間とのずれ

記者クラブをめぐる論争で、私がいつも奇異に感じるのは、こうした当事者である新聞・テレビ社内の記者たちと、外部の世論の落差である。「沸騰・激昂」している感のある世論に比べ、内部の人間は「長年ずっと同じ制度でやってきて誰も何も批判しなかったのに、突然どうしたの？　何が問題なの？」と狼狽・当惑している節がある。問題だという認識すらないかのようだ。

インターネットが普及する1990年代後半より前は、記者クラブ制度は批判どころか、それが存在することすら、報道業界の外の社会一般には認識されなかった。なぜなら、短時間に大量の読者にニュースを運ぶ媒体が新聞、テレビ、ラジオといった「旧マスメディア」しかなかったからだ。それが前に述べた「高速大量伝達手段」という資源が希少だった時代の話だ。その時代に、高速大量伝達手段を独占していたのが、「新聞・テレビ・ラジオ」だった。その独占こそが彼らの特権だった。戦後の日本で長く続いた。その意味で「マスメディアイコール新聞・テレビ・ラジオ」（プラス書籍や雑誌）という認識は、間違っていない。事実はそのとおりだったのだ。現実として、マスメディアは「それしかなかった」のだから。

他に選択肢がない。だから、その制度である記者クラブも「最初からそうなっているもの」でしかなかった。そんな時代がずっとあったことは多くの人が忘れている。ましてインターネット普及時代以降に成人した若い世代は、その時代を知らない。

つまりインターネットが「これまで希少だった資源＝高速大量情報伝達手段」を潤沢にばらまいてしまうまで、一般の人々は何が「旧型マスメディア」の特権だったのか、何が独占物だったのか、わからなかった。また理解する必要すらなかった。

逆にいえば、旧型マスメディアが高速大量伝達手段を独占してきた特権は、とっくに終わっている。彼らの独占や特権はもう滅びているのだ。記者クラブをめぐる論争は、内戦でいえば、反乱軍が首都を占領したあと、政府軍が大統領官邸に立てこもって最後の抵抗を続けているようなもので、事実上勝敗は決している。

旧型マスメディアと記者クラブ制度が時代遅れになったもうひとつの大きな理由は、国民生活に直結するような「官」発のニュースが激減したことだ。それまでパブリック・セクターが担ってきた重要な産業が民間企業に移行したのだ。

中曽根内閣のころに始まった「民営化」「民活」（民間活力）と呼ばれた政策で、どれほど多くのパブリック・セクターが民間企業になったか、思い出してほしい。国鉄はJRに、日本専売公社はJTになった。その仕上げが小泉内閣による郵政民営化だった。

そうした「民営化」以前の時代、「官」発のニュースは今では考えられないくらいのニュースバリューがあった。

例えば、今ではコメの値段は自由市場で決まる。が、1994年以前は、ずっと政府が決めていた。つまり市場の需給で価格が決まるのではなく、政府が食べ物の値段を決めるという「社会主義経済」のような制度が十数年前まで行われていたのだ。主食のコメの値段がニュースにならないはずがない。

政府は農家からコメを買い上げ、消費者に売る。農家は高く買ってほしい（生産者米価）。消費者は安く買いたい（消費者米価）。この二つの価格決定をめぐって、毎年7月ごろから12月ごろまで、予算編成にあわせて、壮絶な駆け引きが繰り広げられた。

米価決定は国や社会全体を巻き込む。利害もぶつかり合う。しかも国民全員が口にする食べ物だ。非常にニュース価値が高かった。新聞やテレビはこれを毎年微に入り細に入り報道した。政治部、経済部、社会部と「全社的」な態勢になる。こうしたコメ価格決定の過程を取材する「担当」が農水省の記者クラブだった。

（1）コメの価格を政府が決定する。

（2）その情報を短時間で大量に伝える情報伝達手段を（ほぼ）新聞、テレビ、ラジオが独占している。

この二つの条件下で、農水省記者クラブが取材源へのアクセスを独占していたとしても、批判がなかったことは不思議ではない。一般人は記者クラブの存在自体を認知する必要すらない。報道記者にとっては「当たり前」の存在だ。マスメディアは「新聞テレビくらいしかない」のだから、当事者には「独占」という認識すらない。そんなものだった。

そして今でも、多くの新聞テレビ記者にとって、記者クラブは仕事で利用する「施設」にすぎない。野球選手が試合をするときに球場の白線やベースの材質云々に目がいかないように、記者にとって記者クラブの運営や正当性への関心は低い。

ところが、1994年で（1）が終わった。2000年代後半で（2）も終わった。

コメ価格の類似例としては「国鉄」の運賃値上げのニュースが挙げられる。全国津々浦々、同一料金で鉄道輸送を提供する国鉄の運賃改定は、それだけで「運輸省記者クラブ」発の大きな全国ニュースだった。しかし分割民営化で料金はJR各社ごとの運賃決定と体系に別れた。

コメ価格や国鉄運賃のように、パブリック・セクター発のニュースが民営化によって消滅または縮小し、官庁の記者クラブ発のニュースも後退した他の例を挙げよう。

・郵政省＝はがき、封書、小包など郵便料金値上げ。
・電電公社＝電話・電報料金の値上げ。
・大蔵省＝専売公社によるたばこや塩の値上げ。

いずれも生活に密着した大きなニュースであった。ところが「パブリック・セクター発のニュースが大幅に減り」かつ「高速大量伝達手段独占が終わった」今も、旧マスメディアは（1）（2）併存時代の既得権（記者クラブへの参加、記者会見への参加の権利）だけは手離そうとしない。悪意によるものなのかどうか、判然としない。私の個人的な体験を思い出すと、主体的な悪意すらないように思える。「社内しか見ていないので、社外の環境の激変に極めて鈍い」だけではないか。内側にいる記者、特に外回りの取材をしなくなった管理職や経営陣は、外部の変化に鈍感だ。旅客船が座礁、浸水し始めても、客室の光景は同じで変わらない。中の乗客は気づかない。そんな感じだ。
（1）（2）が存在しなくなってしまった以上、その特権の独占には正当性や根拠がなくなった。なのに、ずっと内側にいる記者たちは、前任者から引き継いだ内容を後任に引き継ぐことだけを繰り返している。だから内部の記者たちはこれが問題だということも、なぜ批判されるのかもわからないままだろう。だから議論も咬み合わない。

繰り返すが、良い悪いは別にして、既存メディアの特権はすでにインターネットによって無力化されている。インターネット報道組織には「コンテナ」「コンベア」を抱える必要がない。パッケージ化を自社で負担する必要すらない。ブログ、SNS（ツイッター、フェイスブック、ミクシィなど）、ユーチューブ、ユーストリームなど無料のパッケージ化サービスは無数にある。自前のウエブサイトを持つにしても、デザインを依頼し、サーバーを借りたとしても、新聞社やテレビ局のような巨大施設にはなりえない。

最後の読者・視聴者にニュースを届けるコンベアに至っては、報道組織が抱える必要は全くない。社会資本として整備発達が進むので、それに乗ればいいだけである。端末は、携帯電話（スマートフォン、タブレット）にしてもPCにしても、報道組織が開発して販売するまでもなく、より有能な製造・販売者が多数いる。

新聞社やテレビ局は「巨大な装置産業」であるがゆえに「巨大装置を問題なく完全に作動させる」という「ミスのない操縦」だけで、多大な資源（人間、時間、予算、労力など）を消費する。インク染みや印刷ずれのない新聞を数百万部印刷し、時間の遅延なく全国の読者に届ける。それだけでたいへんな資源を消耗する。それは、鉄道会社が、ダイヤ通りに電車を運行するのに資源を傾注するのに似ている。また、その巨大な装置が毎日動いているがゆえに、容易に止めることができない。大規模な改革や改善に簡単には着手できない。

いや、逆に、かつての新聞社やテレビ局は、巨大な印刷機械や配送部門、送信施設という「コンテナ」と「コンベア」を独占的に持っているという事実そのものが特権だった。それほど大規模なネットワークを築く資金のある企業は限られていた。テレビやラジオの電波に至っては、国（旧郵政省＝現在の総務省）の免許がないと割当すらもらえない。新聞社やテレビ局のビジネスモデルはそもそも「資源の希少性」に依存しているのだ。

私が新聞社に在籍したころ不思議だったのは、その時々最新の読者・市民の利益を最優先にコンテンツ（記事など）を恒常的に改善したり、コンテンツを生む人材に投資したりする発想が、経営陣やマネージメントにきわめて乏しい、という企業文化だった。

それは朝日新聞社だけではなくほかの新聞社、あるいはテレビ局も大同小異だった。今振り返ると、それは不思議でも何でもない。彼らは「コンテナ」と「コンベア」を独占しているから、それだけで安泰だったのである。「コンテンツ」改良に必死で取り組まなくてもよい。インターネットが出てきて、それが見えてきた。

ところが、こうした「コンテナ」「コンベア」独占の特権を、インターネットが破壊してしまった。

インターネット型報道組織には「取材・撮影・執筆」機能を担う「コンテンツ」部門しか必要がない。コンテナ、コンベア部門という巨大な装置部門を抱える新聞社やテレビ局に比べ、組織は必然的に小規模になっていく。この論理をとことん進めれば、取材・執筆・撮影・出稿ができるなら、スタッフは一人でいい。現在の「フリー記者」と同じ機能になる(なお、週刊誌を出している出版社は現在でも印刷、配送というコンテナ、コンベアを自社内には持っていない。紙メディアだが中間的な規模である)。

この傾向が強まっていくことで組織が小規模化し、予算が小規模化すれば、現在の新聞社やテレビ局のような終身雇用制を前提にしたロングタームの雇用形態や給与体系は機能しないだろう。「フルタイム記者」ですら必要ないかもしれない。日本の農業が縮小し「専業農家」が減って「兼業農家」が増えていったように「専業記者」ではない「兼業記者」が増えるかもしれない。どちらが「主な収入源」かは置いておくとして

「フルタイム記者ではない記者」という意味での「パートタイム記者」といえるかもしれない。

記者の定義が変わった

実際に3．11以降、そうした「これまでとは違う形の記者」が多数生まれた。芸人「おしどりマコ・ケン」夫婦は、書き手としての経験はほとんどなかった。が、東京電力（合同）会見に通い、福島県の放射能被災地に何度も足を運び、インターネットで書き続け、半年後には新聞やテレビ記者に勝るとも劣らない記事を書く「記者」になっていた。元産経新聞記者で、弁護士に転身した日隅一雄弁護士は、3．11を機にインターネット記者として本格的に報道に復帰した。東電（合同）会見に通い、ブログからニュースを発信している。

既存メディアの「記者」の定義からすれば、彼らをどう形容していいのか、難しい。あえて言葉を探すと「3．11というひとつのテーマに特化した『ワンテーマ記者』」「ポスト3．11というタイムフレームで活動する『ワンタイム記者』」だろうか。既存の「フルタイム記者」とは違うタイプの記者が今後数を増すのは間違いない。少なくとも

「新聞社やテレビ局のフルタイム社員（プラス雑誌などにいる少数のフリー記者）だけが報道記者」という固定概念はもはや現実的ではない。インターネットは「報道記者とは何か」の再定義を迫っている。

また、インターネット型報道では、既存の新聞やテレビのような発信者＝「専業記者」・受信者＝「読者」「視聴者」という明瞭な一線はなくなり、区別は曖昧になる。読者が発信者になり、ほかの読者に直接ニュースを伝える。「専業記者」の発信した情報よりニュース価値の高い情報を、第三者が読者に直接届ける。場合によっては、発信者と受信者が入れ替わる。こうした自由自在のシャッフルが起きる。

福島第一原発から流れでた放射性物質の流れについて、早い段階から地図上での予測をインターネットで流していたのは群馬大学の早川由紀夫教授の個人ブログ「火山ブログ」だった。早川教授が示したのは、放射性降下物の危険性は「距離」ではなく「風向き」で予測すべきだという考えだった。これは、チェルノブイリ事故の放射性廃棄物がどう飛散したかという図を参照すれば、一目瞭然だった。文部科学省の「SPEEDI」の飛散予測を政府が公表せず、不安が錯綜していたころ、早川教授のブログは非常に貴重だった。

インターネット以前の時代なら、新聞やテレビ局の「フルタイム専業記者」が早川教授を探し出し、取材し、イラストレーターに図を描かせ、新聞や雑誌に掲載する、あるいはテレビで放送するまで、こうした「放射性物質の飛散情報（予測）」が読者に伝わることはなかった。インターネットの上では「早川教授」という「発信者」と「受信者（読者）」は直結する。ここで早川教授は旧時代の「情報源」プラス「発信者＝報道記者」の機能を兼ねている。新聞社やテレビ局の「旧型報道記者」は中抜きされ、無力化されている。

では、インターネットが主力メディアになると「報道」はどう再定義されるのだろうか。何が変わり、何が変わらないのだろうか。何がどう変わるのだろうか。インターネット報道になっても変わらない不変・普遍の「ジャーナリズム」とは何だろう。それを実践する「ジャーナリスト」とは何だろう。

第4章　これからの報道の話をしよう

アメリカのメディアはどうなっているか

記者クラブや官庁の記者会見開放を求める社会的議論が激しくなった２０１０年後半から、私はこう考えた。民主主義の原則から考えて、現在の記者クラブ制度が誤っていることはもう議論の余地がない。では、次はその開放を前提に、実務的な議論を始めてはどうだろうか。「ポスト記者クラブの報道」「ポスト既存メディアの報道」「インターネット時代の報道」を考えよう。２０１１年を新しい時代の報道を考える「元年」にしよう。そして旧メディアの決断を促そう。そうツイッターやユーストリームで呼びかけた。

その議論の一助になればいいと考え、２０１１年2月に自費でアメリカを1ヶ月取材に回った。調べたかったことはふたつある。（1）新聞やテレビが衰退し、インターネットに主力マスメディアが移行する中、アメリカの報道はどう「引越し」の作業をしているのか。(2)アメリカでは官庁の記者会見はフリー記者やブロガーにどの程度開放されているのか。記者クラブ的な組織はあるのか。あるなら、その機能は何か。以下、アメリカの事例を報告する。それを素材に日本の報道の未来像について考察を進めていこう。

2011年2月11日、私はワシントンDCにアメリカ人記者ビル・コヴァッチを訪ねてインタビューし、意見を交換した。

私は「インターネットが報道の主力メディアになっても変わらないジャーナリストの職責とは何だろうか」と単刀直入に聞いてみた。彼はこう即答した。

「市民を権力から自由に保つための情報を運ぶ者は誰でも(職業、メディアが何であろうと)ジャーナリストです」

記者クラブや報道の問題を論ずる相手としてコヴァッチに会ったことには理由がある。彼が書いた本"The Elements of Journalism"(トム・ローゼンスティールとの共著。邦訳『ジャーナリズムの原則』日本経済評論社)を読み、その内容に強い興味を持ったからだ。その要旨をひとことで言うと「新聞・テレビからインターネットに主力メディアが移行しても変わらない、ジャーナリズムの原則とは何か」である。

コヴァッチは80歳のベテランだ。1954年に記者になった。1978年から87年までニューヨーク・タイムズ（NYT）紙のワシントン支局長だった。長くワシントンに根を張り、連邦政府や議会の報道で活躍してきた。ベトナム戦争の内幕を描いたルポ『ベスト・アンド・ブライテスト』などで知られるデビッド・ハルバースタム記者（故人。NYT紙のベトナム特派員）とはテネシー州の新聞「ナッシュビル・テネシアン」紙勤務時代からの記者仲間だった。NYT紙に入ったのは1967年。ベトナム戦争、ニクソン政権など「アメリカの新聞ジャーナリズムの黄金期」を知る記者といっていいだろう。

そんなコヴァッチが、伝統的な新聞やテレビ報道の衰退に危機感を抱いたのは自然なことだった。アメリカでは、既存メディア独占の一角が崩れたのは、1980年代である。インターネット普及以前だった。その原因はケーブルテレビの普及で多チャンネル化が進んだためだ。日本でもよく知られているのはCNNの登場だろう。議会や法廷の中継専門チャンネル〝C-SPAN〟が登場した。ルーパート・マードックのニュースグループが所有する「ＦＯＸ」は、リベラルの牙城だった報道の世界に保守系メディアを送り出した。

さらにインターネット、特にブログが登場した２０００年前後から、新聞や既存テレビ報道についての市民の認識は激変した。インターネットでは、新聞やテレビを“mainstream media”と呼び「権力と癒着している」「隠蔽的、閉鎖的である」と批判する論調が渦巻いている。前提がまったく異なるとはいえ、表層での対立構造は、日本とよく似ている。さらに２０００年代後半になって、インターネットにはＳＮＳ（主にフェイスブック）そのほかが新しいマスメディアとして大きな勢力になった。そして新聞やテレビの収入源だった広告を奪い、その衰退にとどめをさした。

そうした背景の中「インターネットが主力メディアになったとき、ジャーナリズムは守れるのか」という議論が始まった。コヴァッチは“Committee of Concerned Journalists”（ＣＣＪ。懸念するジャーナリスト委員会）というＮＰＯを立ち上げた。その大きな活動は、全米各地の地元記者を招いて意見を交換する公開フォーラムを主宰することだ。訪問先は20都市。討論に参加したり、インタビューしたりした記者は５０００人を超えるという。

この討論会を続けるうちに、コヴァッチは「そこに新時代にも受け継がれるべきジャーナリズムの原則が語られている」ことに気づいた。その結果をまとめて2001年に出版された本が"The Elements of Journalism"だ（日本語訳は初版のまま。原書は2007年に全く新しいバージョンに改訂された）。同書の冒頭には、10箇条の「ジャーナリズムの原則」が提言されている。列挙してみよう。コヴァッチの提唱する10箇条を日本の報道に当てはめると、どう参考になるか、私の解説も添えておく（日本語は烏賀陽訳）。

1　Journalism's first obligation is to the truth.
（ジャーナリズムは何より第一に真実に対して責務を負う）

「真実」とは何か。実はアメリカでもたびたび論争になる。が、定義はばらばらだ。研究者の論文はたくさんあるが、現場の記者はジャーナリズム研究論文など読まない。そうした抽象的なことをあまり考えない。このへんは米国も日本もあまり変わらない。

テレビの多チャンネル化が進み、保守系・リベラル系がまったく違う「真実」を語るようになると、混乱に拍車がかかった。ブッシュとゴアが僅差の競り合いを演じた20

00年の大統領選挙はその好例である。最後のフロリダ州の得票カウントには不正があったのかどうか。それぞれが違う「真実」を主張した。インターネット時代になってさらにその傾向はひどくなっている。こうした背景の中でコヴァッチの本は書かれた。

コヴァッチは「ジャーナリズムを実践するなら、ただ単に正確であるだけでは真実に到達したことにならない」という。そして「第一報のあと、市民、取材先、記者がやりとりをするうちに次第に明らかになってくる内容こそが真実なのだ」と記す。これは日本の報道でもよく指摘されることだ。その日の夕刊や翌日の朝刊に間に合わせるために書いた第一報だけでは不十分である。通信社の速報だけでは足りない。真実はゆっくりと明らかになる。「第一報が出た後にこそ、ジャーナリストにとっての真実の追求という本当の仕事が始まる」とコヴァッチはいう。

逆に、そうした作業をしない者はジャーナリストとは呼べないとコヴァッチは戒める。ジャーナリストを自称する運動家やコメンテーター、煽動家はアメリカにもたくさんいる。そうした人たちとジャーナリストを識別するにはどうするか。私益を挟まずに真実を追求することこそが、ジャーナリズムがほかのコミュニケーション形態とは違う点なのだ。コヴァッチはそういう。

2　Its first loyalty is to citizens.
（ジャーナリズムが忠誠を誓うべきは市民の自由である）

“citizens”は「市民」と訳される。が、実は“citizens”という言葉は、きわめて西欧民主主義的な文化背景を背負っている。日本語の「市民」はそのニュアンスが抜けている。語源はラテン語のcivitas。共和制古代ローマやギリシアでの「王権から自由な都市住民」という意味がある。フランス革命後は「階級や身分から解放されている」というニュアンスが加わった（citoyen シトワイヤン）。

コヴァッチの言葉を日本語にするときに注意すべきは、このcitizensという言葉の「権力から自由な市民」というニュアンスだ。「ジャーナリストの第一の忠誠は自由な市民にある」とは、わかりやすく訳すると「権力から市民の自由を守ることが、ジャーナリストが第一に忠誠を誓うべき仕事だ」という意味である。前出の「市民を権力から自由に保つための情報を運ぶ者であれば（職業、メディアが何であろうと）その人はジャーナリストである」というコヴァッチの言葉は、これに呼応している。

ここでコヴァッチは「読者（reader）」あるいは「視聴者（viewer）」という言葉を使

っていない。読者や視聴者という言葉には広告主（スポンサー）や株主が含まれるからだ。またコヴァッチは「市民とは顧客＝カスタマーと同義ではない」「ジャーナリズムはカネを出して買ってもらうサービスではない」「価値観や判断、信用、勇気、プロ意識によって見る人との関係を築くことだ」とはっきり書いている。

この背景には、アメリカの新聞やテレビの系列化、株式公開が進み、経営幹部がより「財務上の利益」に価値を置くようになった事実がある。そうした１９８０年代以降、報道の衰退が著しい。

アメリカの新聞やテレビには“China wall”（中国の城壁）という言葉がある。報道部門と経営部門（販売、広告、財務など）の間には、古代中国の城壁（都市城壁や万里の長城）のような分厚くて堅牢な壁があり、両者を隔てている。その二つは不可侵である。隔離しておかないと、両者は必ず戦争を始める。そんな意味だ。日本流にいえば「報道と経営の相互不可侵の原則」といえばいいだろうか。そのチャイナ・ウオールが無原則に破られてしまった。

では citizens は具体的に「誰」を指すのか。例示することは難しい。「権力を持たない多数」という抽象性の高い言葉だからだ。民主主義社会という文脈の中での「権力者」の反対概念ともいえる。日本語でいうなら「(政府、役所、官僚機構、裁判所などに対する)国民」「(同)有権者」「(力のある生産者・企業に対する)消費者」を束ねたような概念に近い。「(政治・経済上の)権力を持たない人すべて」とでも言えるだろうか。

3 Its essence is a discipline of verification.

(真実かどうかを検証する職責がジャーナリズムの本質である)

短い言葉だが、英語の語感が重要なので説明しておこう。"verify"という動詞は「証拠、証言、実例の提示によって真実であることを証明する」という意味だ。一方"discipline"は「ある特定の特徴や行動を生み出すための訓練」「特にモラルや知性面での向上をもたらす訓練」を指す。つまり「ジャーナリズムとはとどのつまり、真実であることを証明するために証拠や証言、実例を提示する作業である。その証拠や証言を集めるための職能こそがジャーナリズムである」と言っている。

4 Its practitioners must maintain an independence from those they cover.

（ジャーナリズムを実践する者は、取材対象から独立を保たなければならない）

ここでの「独立」とは、記事の内容に記者の個人的要素や新聞社の利害を介在させてはならない、近寄るべからず、という意味だ。アメリカの報道界ではこの原則は非常に厳しい。少しでも「公私混同」をすると担当を外されるか、場合によっては解雇される。政党や政治思想に限らない。1989年、ニューヨーク・タイムズ紙は女性の中絶の権利を主張するデモに参加した最高裁担当の女性記者を懲戒処分にした。今も、同性愛者の差別禁止を目指す市民投票計画に参加した記者を内勤に異動させたり、湾岸戦争反対のデモに社員が参加するのを禁じたりする新聞がある。記者自身のエスニック・バックグラウンドや障害者であることなども、私的なこととして記事に介在、反映させてはならない。

このひとつが「記事を自社の利益のために使ってはいけない」という「記事の私物化の禁止」だ。しかし、日本の新聞は「自社行事」として自分が主催者、興行主である高校野球やプロ野球、都市対抗野球、あるいは展覧会などを記事化する大規模な「公私混同」を日常的に繰り返している。「記事と自らの利益を混同してはならない」という「独立の原則」からはほど遠い。

5　It must serve as an independent monitor of power.

（独立した権力の監視役として奉仕すべし）

米国でもこの「権力の監視役」という言葉は誤解されている。現役の記者ですらわかっていないことが多い。コヴァッチはそう言う。米国では「成功した人間を苦しめる」ことがマスコミの仕事であるとよく言われる。がそれは誤解あるいはジョークである。それは「権力の監視」ではない。つまり芸能人やセレブ、有名人を報道することはジャーナリズムではない。具体的な権力監視の方法としてコヴァッチが挙げるのは「知られていなかった出来事を調べ、知らせ、記録する」＝「調査報道」（investigative report）である。

6　It must provide a forum for public criticism and compromise.

（市民が批判を交え、また妥協点を見出せるよう、誰もが参加できる言論空間を用意しなくてはならない）

「パブリック・フォーラム（public forum）」という言葉は日本文化では理解されてい

ない。publicもforumも、きわめて西欧民主主義的な文化背景を背負っているからだ。publicという言葉は日本語でいう「公的」「公」とは違う。「誰もが参加可能な」「誰にでも等しく開かれた」という意味がある。オープンであること、閉域を持たないことがその定義には含まれる。またforumは本来、古代ローマの都市にあった集会のための中央広場のことだ。市民が誰でも参加できる討論や司法手続きにも使われた。こうした広場の存在そのものが、日本の都市にはない。したがって日本語になると原義のニュアンスが見えなくなる。

後述するカルフォルニア州政府記者協会の取材のために、同州都サクラメントを訪問したときのことだ。州政府庁舎の正面玄関には、横長の階段がある。その玄関前には広場があり、市民が誰でもデモや集会、演説ができる。そこでの取材も自由だ。私が訪れたときには、低所得者用の住宅費補助を削減する法案に反対する集会が開かれていた。

法廷で勝利した主人公の弁護士や被疑者が、法廷を出ると、記者団のマイクやカメラに囲まれる。そこで感動的なセリフを言う。アメリカの犯罪映画や法廷映画のラストシーンでよく見る光景だ。民衆（映画の観客）がそれをわかちあう。あの場所がパブリック・フォーラムなのだ。

こうしたパブリック・フォーラムで交わされる議論や意見が public speech である。これが日本語に翻訳され「言論」という言葉になった。もともとは記者会見も、こうしたパブリック・フォーラムでの意見表明や発表が原型にある。「市民が自由に出入りできる広場」を「会見室」に移し、記者が聴衆を代理・代行しているのだ。

第6条は「批判し、あるいは納得し、歩み寄るための誰もが参加できる言論空間を提供するのがジャーナリズムだ」と言っている。日本語の「公」「公的」という言葉からは「誰もが参加できるよう開かれている」という public のニュアンスが落ちている。記者クラブのように、閉鎖的である、排除的であることは、そもそも public の定義と矛盾するのだ。

こうして考えると、インターネット上に出現した「言論空間」(BBS、ブログ、フェイスブック、ツイッターなど) は、より原義の public forum に近い特性を帯びている。新聞やテレビは「投書欄」「オピニオン欄」「コメント」がそれに当たる、と自称している。が、インターネット上のより原義の「パブリック・フォーラム」に近い言論空間を体験した人にとっては、それはひどく色褪せて見える。

7　It must strive to make the significant interesting and relevant.

(重要なことを伝えるときは、ただ「重要である」と言うだけではなく、読者が興味を持つよう努力しなくてはならない。また読者が自分とどういう関係があるのか理解できるよう努力しなくてはならない)

「人々が知らなくてはいけないもの」と「人々が知りたがるもの」は対立する、という図式はアメリカの報道界でもよく指摘される。前者は硬いニュース、後者はおもしろい読み物(セレブ、ゴシップものなどを含む)といったふうに解釈できる。英語では information と storytelling という言葉で区別される。しかし、コヴァッチは、両者は両立する、しなければならないと主張する。記者が「重要だ」「読者が知る必要がある」と思うだけでは、読者の関心を引くことはできない。「記者は情報を伝えるだけではだめだ。読者が惹かれ、じっと耳を傾けるような方法で伝えることも、記者の責任である」とコヴァッチはいう。

8　It must keep the news comprehensive and in proportion.

(全体像がわかるようにニュースを伝えなくてはならない。かつ全体の中で部分部分の

バランスがとれていなくてはいけない）

コヴァッチの言葉を引用しよう。「ジャーナリストは現代の地図作成者である。市民が社会を航海するための地図を作るのだ（ここでいう『地図』とは大航海時代の航海図の意味）。ジャーナリズムを地図作成と考えれば、なぜニュースに多様性が必要なのか理解しやすい。ジャーナリストが描く地図には、社会のあらゆる集団のニュースが描かれていなくてはいけない。購買力のある層や広告主にとって利益のある層だけが描かれているのではいけない。それでは、まるであるエリアがすっぽり抜けた地図を描くようなものだ」。

この言葉は「購買力の高い読者層」や「広告主に魅力的な読者層」ばかりを狙うあまり、記事が偏ってしまうことを戒めている。実は、これこそが１９８０年代以降のアメリカの新聞やテレビに起きたことだった。日本でも、新聞の読者が高年齢化して、広告は高齢者向けの商品ばかりになった。記事も高齢者の視点や思考に偏ったニュース判断が全体を覆い始めている。そしてそれがまた若年読者を遠ざけるという悪循環に陥っている。

9　Its practitioners have an obligation to exercise their personal conscience.
（ジャーナリストは個人の良心に従って行動する義務を負う）

巨大なニュース組織が民主的ではなく、独裁的であることは洋の東西を問わない。そうしないと締め切りまでに記事や番組を間に合わせることができないからだ。個人の良心と組織の論理が衝突することは多い。「しかし」とコヴァッチは論じる。記者は組織の論理ではなく、個人の良心に従って行動する義務を負う、と。これは、やらせ、捏造、盗用といった明白な不正を見つけたときだけではない。記者がジャーナリズムを実践しようとして、経営の論理（収益、広告主の利益）と衝突したとき。記事に差別的なニュアンスを見つけたとき。そのときオーナー、経営者、管理職が社員との議論にオープンでなければ、記者が良心に従おうとしても難しい。これは日本語に言い換えれば「自由で活発な社内言論の保証」とでもいえるだろうか。

10　Citizens, too, have rights and responsibilities when it comes to the news.
（市民もまた、ニュースの分野では権利だけではなく責任を負う）
記者と読者は連帯すべきだ。読者と記者が双方向に作用しあうインターネット時代を見据えたコヴァッチの提案である。

記者は、取材対象に要求するのと同じような透明性を自らも持たなければならない。そのうえで、ニュースを製造するプロセスに読者を招き入れよう。

読者の責任、というのはこうだ。偏見を捨てて記者の仕事をジャッジすること。ニュースを知った人々が他者との関係を形成するうえで、記者の仕事は役に立ったのか。それを基準に判断しよう。平易にいうと「反対、賛成、それ以外、いずれにしても、社会とのかかわり方を決めるような記事を記者は書いたかどうか」が基準になる。

「ポスト記者クラブ」の報道を考える

次に、2011年2月にカルフォルニア州の州都サクラメントで取材した記者団体「カルフォルニア州政府記者協会」(Capitol Correspondent Association of California、以下CCAC)の話をしよう。

私が州政府と記者団の関係を取材しようと思った理由はこうだ。日本で記者クラブの問題が議論されるたびに「アメリカにも記者クラブはある」「例えば首都ワシントンでは××である」という話が出てくる。西欧型民主主義国の親しい国アメリカとの比較をすると「日本の首都＝東京」が「アメリカの首都＝ワシントンDC」という単純な比較になるらしい。だが、私はこの比較はおかしいと思った。

アメリカでは、日本の中央官庁にあたる国民生活に直接影響する内政の決定権限は、多くが州政府と州議会にある。例えば、消費税、固定資産税といった税制。死刑制度などの刑事司法・犯罪対策。民事裁判。環境保護行政と法律。日本の感覚でいう「国」(state）という単位は「州」(state）にある。だから、アメリカ国民が自分の生活に直結する政策に関心を持つなら、その官庁・議会は州政府・議会であって、ワシントンの連邦政府・議会ではない。したがって、報道の競争と利害が大きく関係する取材対象も、国の首都ワシントンではなく、州都である。多くのアメリカ人にとってワシントンは、国防や外交など最小限の政策を担当する「ひとつ遠いところにある政府」であり、日本人の感覚でいうと「国連」のような存在だ。もともと、ホワイトハウスや連邦議会の記者団ばかりが引き合いに出されるのは、日本の新聞テレビ特派員の常駐するのがワシントンだからだ。州都には日本に関連のあるニュースが少ないので、日本人記者はほとんど行かない。だから州政府と記者団の関係は、日本人にはあまり伝わらない。

読者の関心すなわち部数や視聴率に影響するニュース源である州都は、新聞やテレビの利害や関心も大きい。その調整機関としての記者団体も、機能が活発だ。そちらのほうが日本の東京にある記者クラブとの比較としては適当である。

そう思って調べるうちに、ＣＣＡＣを知った。

50州のうちカルフォルニア州を選んだ理由はこうだ。（1）全米で一番人口が多い州であり、３０００万人の人口はオーストラリアやカナダより多い。（2）ロサンゼルス、サンフランシスコなど全米上位の大都市が集中している。アメリカの諸州の中では、人口都市集中型の構造が日本に似ている。（3）シリコンバレーのＩＴ産業やハリウッドの映画産業、石油、軍需産業が集まり経済活動が活発。経済規模では、世界7〜8位に位置する「先進国」である。同州だけでフランスと同規模の「国」ひとつに匹敵する経済規模がある。

ＣＣＡＣには州政府を取材する新聞、テレビ、ラジオなど50社が加盟している。外見上は記者クラブに似ている。しかし、その機能、役割は日本の記者クラブと正反対だった。日本の記者クラブが官庁の取材からフリーや外国人記者、ブロガーなどを排除しているのに対して、ＣＣＡＣは「州政府がジャーナリストを差別せずに取材に門戸を開くよう、記者が政府を監視する団体」だった。

サンフランシスコから車で2時間。サクラメントの州庁舎で、CCAC会長のブライアン・ジョセフ記者に会った。記者会見室や州議会・本会議場を一緒に回った。まだ30歳。若いが、高校時代から学校新聞の記者として給料を取っていたから、記者としてのキャリアは長い（カルフォルニア州では、高校や大学の学校新聞も正式の会員として州新聞協会に加盟できる）。「シアトル・タイムズ」紙勤務時代の調査報道でピューリッツァー賞にノミネートされたこともある。

「今夜、記者協会の役員会議があるからおいで」と指定された「1029　Kストリート」という住所に車で行ってみると「ピラミッド」というバーだった。ビリヤード台が真ん中にあり、バーカウンターの上にぶらさがったテレビがプロバスケ中継を写している。典型的アメリカン・バーである。ボックス席のひとつを、記者たち5人が占めていた。新聞。通信社。企業向けのニュースレター会社。そんな記者たちがビールを飲みながら議論を交わしていた。

「さて、きょうの議題は」

議長はジョセフ記者である。

「駐車許可証を警察にもらってほしい、とあるテレビ局から要望がありました。中継車が駐車違反を取られたそうです」

日本の記者クラブの感覚なら「すぐにもらいましょう」で満場一致である。実際に私は警察の記者クラブでそういう手配をしたことがある。しかし、次々に反対意見が出た。

「記者がそんな特権にふさわしいとは思わない。記者として、ぼくは市民と同じ立場にいたい」

「そんな特権をもらったことがボスにバレたら、クビになる」

企業向けニュースレター会社の記者が言い返す。

「おれは61歳だ。駐車場から庁舎まで2ブロックも歩くのはしんどい」

「だけど、そんなものもらったら、取材先からの利益供与になっちゃうじゃないか」

結局、「駐車違反免除パス申請」は否決されてしまった。議論の結果はこうだ。

「警察を批判する記事を書かなくてはいけない立場の報道記者が警察に特別扱いの便宜を図ってもらったりすれば、報道の独立が損なわれる。どうしても必要なら、テレビ局が自分で警察に頼めばいい。協会がやるべきことではない」

そう言われれば、しごくまっとう。その通りなのだ。が、日本の新聞社で「社用車の特別扱いは当たり前」という感覚をさんざん見ている身には、心地よいショックである。

同記者協会には50社ほどが加盟している。そのうち日常的に知事や州議員、部局責任者の記者会見に参加するのは25〜30人ほどだ。新聞やテレビの業績不振で、スタッフが削減され協会の会員数も減った。

州政府庁舎内には「1190号室」という通称の記者会見室がある。席順は所属する会社の名前で決まっているが、満席になることは稀なので、席のない社が来ても譲りあって座る。記者席にもマイクがあり演壇に伝わる。質疑応答は州政府広報部が文字に起こして配布する。しかし、日本の記者クラブのような、記者が原稿を書いたり電話をかけたりする部屋は州政府庁舎内にない。1960年代に廃止されて、それ以降記者たちは、州庁舎の近隣に借りたオフィスや自宅に戻って原稿を書く。

記者が集まる大きなニュースは（1）1月、5月の知事による州予算案の説明（2）1月の知事による一般教書演説（3）8〜9月の年度末報告である。

州政府が発行する記者証は2種類ある。これがないと、州庁舎内部の取材はできない。州政府を取材する記者は、いつもふたつの顔写真入りパスを首から下げている。ひとつは、知事室発行のパス。ジョセフ記者によると、これは「キャンディを配るように」簡単に発行される。もうひとつは州議会発行のパス。こちらは厳しい。「サクラメントに駐在」「州議会を恒常的に取材していること」などの条件がある。しかし、これを持っていると、記者には大きな力になる。州議会の本会議場に入れるからだ。ロビイストやパブリシスト（広報担当者、PR業者）にはない報道記者だけの権利である。なぜこれが重要かというと、本会議に出席している議員にその場で接触して話を聞けるからだ。

ここで記者協会の役割の話になる。協会の仕事は「州政府ができる限り幅広く記者に取材の門戸を開放するよう」監視することだと前述した。記者が記者証を発行されない、州政府に取材を拒否された、記者会見から排除された、知事の行事予定を公開しない、など「取材のアクセスを恣意的に制限する行為」を州政府や議会がすると、協会が抗議する。また、未知の記者がプレスパスを申請したとき、知事室や州議会事務局はまず協会に「この記者はどんな人物なのか」「正統な記者なのか」と問い合わせてくる。協会の方針は「できる限り記者を排除しないこと」だ。フリーランス記者、ブロガー、外国プレスであってもjournalist（ただ単に「記者」というだけでなく「journalism を守っている者」という意味）である限り差別しない。日本の新聞社やテレビ局の「社員」でないというだけの違いで、フリー、ブロガー、外国プレスを記者団体や会見から排除している日本の記者クラブとは、機能が正反対である。

協会はブロガーにも門戸を開いている。最初に加盟の申請があったのは２００５年。「CAL WATCHDOG」という保守系のブログだった。２００６年にはリベラル系の「California Progress Report」というブログが続いた。両者とも、協会の働きかけを得て、州政府や議会から記者証の発行を受けた。

後者を運営していたフランク・ルッソさん（57）は弁護士だ。

「テレビはもちろん、最近は地元新聞も、経営難から記者が減り、地元政府の政策ニュースをあまり取り上げません。ニュース記事に空白ができていたのです。私は、進歩主義的なスタンスから、州政府をウオッチしようと思いました。このブログを見て新聞やテレビが『これはいい話だ。ニュースに取り上げよう』と発見するきっかけになるかもしれないと思ったし、実際にそうなりました」

ルッソ氏は州議会のスタッフを経て、弁護士事務所を開業し、事務所を売却した資金でブログを開設した。２００８年にブログをＮＰＯ団体に売却し、現在は議会スタッフに戻っている。ＮＰＯ団体にブログが引き継がれた時点で「利益団体の傘下に入った」＝「独立した報道」ではなくなったという理由で記者証を返した。

取材のあと、日本での実情を伝え、協会会長のジョセフ記者に話を聞いた。

――フリー記者は協会に入れますか。

「というか、何でフリーだと排除する理由になるんですか？」（注：アメリカではフリー記者が2〜3年の契約で新聞記者になることが普通にある。フリーの身分のままのこともある。複数の新聞と契約を掛け持ちすることもごく普通）

――日本の「kisha club」はフリー記者だと入れません。

「記者かどうかを決めるのは、所属する会社や免許の有無ではありません。その仕事のクオリティです。仕事でジャーナリストとしての原則を守っているかどうかです。逆に、記者証を持っていても、ジャーナリズムを守っていなければジャーナリストではないでしょう」

――どんな原則を守っていれば「記者」なのですか。

「簡潔にいうとobjectivity（客観）、fairness（公平）、independence（独立）の三つでしょうか」

――簡単に説明してください。

「報道を好き嫌いではなく事実によってのみ決める。報道がフェアである。誰とも資金関係がない。この国では、誰が記者になってもいい。資格や免許は必要がない。合衆国憲法で定義されている職業は報道記者だけです。民主主義社会にとって記者がいかに重要な仕事かを物語っています」

――外国人記者は加盟できますか。

「あなた（筆者）でも加盟できます。記者証を発行するよう州政府に言いましょう。東京からカルフォルニア州政府を取材する、といえばいい。アーノルド・シュワルツェネッガーが知事に就任したときは、テレビ局がドイツ語で取材に来ていましたよ。地元プレスとまったく同じように記者証を申請し、認められ、庁内を取材し、就任式でテレビカメラを回していました」

――未知の人物が「記者証がほしい」と来たとき、その人が本物の記者なのかどうか、どうやって見分けるのですか。

「加盟してから、仕事ぶりを見ていればわかります。会見でする質問を聞いていればすぐわかる。何より、記者の仕事は記事を公開することなのですから、すぐわかりますよ」

――何かチェックはあるのですか。

「いちおう僕と副会長で面接はします。しかし、協会のルールは記者を排除するためにあるのではありません。州政府への取材アクセスを確保するために協会はある」

——日本の記者クラブは政府庁舎に部屋をタダで借りて電話料金や光熱費も税金です。

「それはナイスですね。そんな部屋が僕もほしい（笑）」

——「州政府記者協会にホビー・ジャーナリストは入れない」と聞いたことがあります（注：ホビー・ジャーナリスト＝収入を得る職業としてではなく趣味でニュースレターやブログを書く自称記者のこと）。

「いちおう『収入の半分以上が報道』というラインはありますが、別に収入を書類でチェックするわけじゃありません。私はホビー・ジャーナリストでも申請があれば入れます。記者は誰でもがやっていい仕事なんですから。申請ですか？　まだありません」

——フリー記者やブロガーを記者会見に参加させると、馬鹿な質問をするので困る、と反対する社員記者が日本にはいます。

「え!?　記者の仕事は質問をすることですよ。どんな質問はよくて、どんな質問はダメだ、なんて誰が決めるんですか？　この世に『馬鹿な質問』なんてありえない」

——記者会見に出る要人のセキュリティ対策はどうしていますか。

「会見室は庁舎の中です。庁舎に入る全員が金属探知機のゲートをくぐり、荷物のX線検査を受けます」

――会見で要人が襲われたりするのが困るから未知の記者は入れるなという意見も日本にはあります（取材の直前にアリゾナ州で議員がショッピングモールで演説中に銃で撃たれる事件があったので話題になった）。

「オープンな場所で要人に銃をぶっぱなすクレイジーが1万人か10万人に一人いるからと言って、パブリック・オープンネスをシャットダウンする理由にはなりません。民主主義は自由やオープンネスが基本ですから、どうしてもセキュリティはトレードオフで後退します。すべての自由にはトレードオフがあります」

――CCACの予算規模を教えてください。

「予算はありません。完全にボランティアです。銀行口座には9ドルあるだけです（笑）」

メディアはどこに立っているか

今回の取材に限らず過去何度もあったことだが、アメリカでの報道のありようを見聞して帰国し、日本の既存メディアを見つめ直すと、いつも非常に奇妙な感じがしてならない。日本の報道のありさまが、まるで水が下から上に流れるような、倒錯した世界に見えてくるのだ。

特にカルフォルニア州政府記者協会の項でおわかりいただけると思うが、政府記者団体の機能は、アメリカと日本では完全に逆だ。ＣＣＡＣをはじめアメリカの記者団は「政府が取材の門戸を誰にでも開放するように監視する組織」である。ところが日本では記者クラブは「クラブ員以外を会見や取材から排除する組織」として機能している。これはそもそも「報道記者」という職業の社会の中での位置づけそのものがまったく違うからだ。「立ち位置が正反対」といっていいほど違う。

アメリカの社会文化の中では記者はあくまで「権力を持たない市民のひとり」であり「市民の知る権利の代行者」である。「忙しい市民に代わって、権力の様子を見に行き、報告する仕事が報道」といえば適当だろうか。いずれにせよ、軸足は徹頭徹尾「市民」「非権力者」にある。実践できているかどうかは別として、記者たち自身はそう認識しているし、それを職業的な規範の基礎にしている。また読者・視聴者もそう考えている。それが「当たり前の話」だ。「市民を権力から自由にするための情報を運ぶ者がジャーナリストである」というビル・コヴァッチ記者の定義も、その発想から出発している。

日本の新聞テレビ記者に聞いても、彼らは「私たちは権力の側ではなく、彼らを監視する側だ」と言うだろう。しかし、では具体的にどんな行動やふるまいによってそれを実践しているのかと問えば、本書で述べてきたように、実体はほとんどない。むしろ、記者クラブという役所の中の部屋が象徴するように、シャム双生児のような不可分の連続体として権力機関につながっている。ひどい場合は「統治機構の一部」のように錯覚している記者すらいる。

多くの記者はそこまでひどくはないにせよ、では「市民のひとり」「知る権利の代行者」かといえば、そんな自覚もないし、事実もない。私が17年間朝日新聞社に勤務した間には、自分たちが「権力から市民を自由にするために仕事をしているのだ」などと社内で話し合われることもなかったし、そのような観点で仕事の内容を点検することもなかった。ありていに言えば、自分たちを「権力でもないし市民でもない、両者をつなぐ存在」くらいにぼんやりと考えている。例えば「朝日新聞綱領」を読みなおしても「権力」「市民」「知る権利」という言葉すら出てこない。そして、もっとも悪いことに、市民の多くは既存メディアの記者を「自分たちの一人」とは思っていない。「エリート」などと呼んで異化している。

アメリカの報道の現状が見習うべきお手本かどうかは、ここでは議題ではないので論じない。日米両国の記者たちを見た私に言えるのは、米国人記者のほうがはるかにジャーナリズムの原則に自覚的であることだ。そして行動や記事がその職業原理に貫かれていて、わかりやすい。

日本の既存メディアは「フェアネス」「インディペンデンス」など「ジャーナリズムの原則」からの逸脱が当たり前になりすぎて、もはや何が原則なのかすらわからなくなっている。「日本にあるのは『擬似報道』『報道もどき』なのではないか」「ガラパゴス島の動植物のように、世界から切り離された島国で独自の進化を遂げた『亜種』ではないか」。そんな恐ろしい考えが頭に浮かぶ。

第5章　蘇生の可能性とは

ベテラン記者は疑う

現在、日本の報道から「クエスチョニング」が急速に失われていることを前に述べた。私がその変化を新聞社内で目撃したのは、1990年代である。その時の話をしよう。

当時私はニュース週刊誌「アエラ」の記者だった。週刊誌は新聞より組織や予算の規模が小さいので、販売実績や広告収入など収益構造がより見えやすい。プリント型マスメディアの衰退の構造がよく見えた。それに合わせて取材環境がどう変化するかもわかった。

経済環境。まず1992年前後にバブル景気が終焉したあと、取材費が激しく削減された。広告収入が減って採算が苦しくなり始めたからだ。「アエラ」も1988年創刊以来の「社長室直属プロジェクト」（つまり新聞や雑誌とは別枠の予算）から外され、ほかの週刊・月刊誌や書籍と同じ「出版局」に移管された。権限と予算の縮小である。それでも収入の大黒柱である新聞と同じ会社（同じ会計）で発行されているうちは、会社として赤字を新聞その他がカバーしていた。が、私が退社した後の２００８年に雑誌・書籍部門が別会社化され、まったくの別会計になった。つまりは独立採算。自分の食い扶持は自分で稼げ。赤字が出ても新聞は面倒を見ない。そういう組織変化である。

業績が悪化してまず削られたのが「経費」である。第一に削減対象になる経費は「交通費、交際費、光熱費」＝「３Ｋ」であることはどこの企業も変わらない。タクシー代や会食費が削られても、私の取材にはほとんど影響がなかった。が、出張費（交通費、宿泊費）が削られると、遠方に取材に行くお金が減る。取材に出かける範囲が小さくなる。つまりネタが制限される。これが困った。

東京から遠方へ行って取材する必要があるネタは、デスクや編集長がＯＫを出さなくなった。最初は「海外取材はダメ」だった。そのうち「日本国内の出張もダメ」になった。「首都圏で取材できるネタならよろしい」となった。

そうした縮小がいっとき見えにくくなったのは１９９５年である。１月に阪神淡路大震災、３月に地下鉄サリン事件・オウム真理教事件という歴史に残る大事件が連続して起きたからだ。しかし97〜98年ごろには、そうした熱は社内からも世間からも冷めていった。

そんな環境で1995年に就任した大森千明編集長が打ち出した方針が「働く女性もの」「高齢者もの」の二本柱だった。その理由が「東京で取材できる。取材（出張）経費の削減にいい」だったことを覚えている。「働く女性もの」はそのまま「アエラ」の編集方針になり、その後も続いた。

「働く女性もの」でアエラは部数を増やし、大森編集長はその後「週刊朝日」編集長を経て出版局長になった。対抗心の強かった「アエラ」と「週刊朝日」2誌の編集長を歴任した人はそれまでいなかった。大森氏は当時朝日新聞社の社長だった箱島信一氏と同じ新聞経済部の出身だった。そのまま朝日新聞社の雑誌・書籍担当の取締役になると周囲は思ったが、失脚した。週刊朝日編集長時代、消費者金融「武富士」から裏広告費5000万円を受け取っていたことが発覚したからだ。武富士からの広告費でつくった連載記事に「これは広告です」という表示を入れなかったことが問題になった。

自分の上司だったころ、大森編集長とはよく議論した。編集長は私に「その気になれば、カネを集める手段はいくらでもある」と話していた。アメリカでピューリッツァー賞を受賞した記者たちが日本を訪れたとき、インタビューして記事にした。その中で「米国でジャーナリズムが衰退したのは、ビジネスの圧力だった」と米国人記者たちの言葉を引用したら「これは俺への当てつけか」と呼び出されて当惑したことがある。私はそれほど警戒的ではなかった。が、同僚は「取材の自由が経費削減で奪われている」とぴりぴりしていた。

記者同士でネタを議論したり、取材手法や取材先を教え合ったりする機会が急速に減った（たいていは他愛のない飯食いや編集部での雑談なのだが）。その代わり、記者同士が顔を合わせても、上司や同僚の陰口、人事のうわさ話ばかりするようになった。

そうした周囲の変化と前後して、週刊誌や新聞の紙面が変質していった。「なぜそんなことが起きたのか」「誰がそんなことを考えたのか（決めたのか）」「いつ、どうしてそんなことが始まったのか」という「クエスチョニング」を進めた記事が姿を消していったのだ。理由は分かった。「クエスチョニング」＝「問いかけ」を発し、その答えを見つける作業は手間と時間＝コストがかかる。「発表の奥にあるものを探る」「複数の事象を拾い集めて、共通項や異質項を洗い出す」作業は時間がかかる。遠くに出かけて直接情報を確かめる必要が出てくる。より多くの人や資料に当たる必要がある。取材にあてる時間や作業といったコストが圧縮されるほど、クエスチョニングの作業は難しくなる。

同じ時期に、官庁の発表だけでなく、ＰＲ（パブリック・リレーション）会社や広告代理店のパブリシティ業務が発達した。クエスチョニングなどしなくても、官庁の発表や、新製品情報、映画や音楽、芸能人、スポーツ選手の宣伝、新刊書籍、グルメ、ビューティー、コスメ等のＰＲ情報はあふれるようにファクスやメールで流れてくる（量は官庁の発表より企業ＰＲのほうがはるかに多い）。依存すれば、簡単に記事は作れる。紙面は埋まる。「クエスチョニング」＝「疑問を持つこと」さえ捨ててしまえば、紙面作りは実は簡単なのだ。

そうしたことがほぼ同時期に起きた。なぜなのか、どういう関係があるのか、よくわからなかった。とにかく、そうした変化が一度に起きたのが、同じ１９９０年代後半だった。そして私は２００３年に朝日新聞社を辞めた。

時は下り、２０１１年春になって、私よりずっと年長で、同じ違和感を抱いていた記者がいたことを知った。朝日新聞政治部から論説主幹、代表取締役専務を経て信濃毎日新聞主筆になった中馬清福氏（１９３５年生まれ）である。中馬氏が２０１１年の朝日旧友会（つまり朝日新聞社のOBの集まり）新年総会で、次のように講演していたのだ。「すべてを疑え。これは新聞記者の鉄則でした。『誰の言動も疑ってかかる』そんな生き方を強いられた私たちの世代は、記者という職業に向いていたのかもしれません。

いま私はあえて『鉄則でした』と過去形を使いました。というのは、最近の紙面を拝見していると、我が朝日も含めて、『疑うこと』から出発して仕上げられた記事が少なくなったような気がするからです。若い世代は、『疑うことは人を疑うこと、それは失礼なことだ』と思うのでしょうか。その優しさは大事ですが、せめて権力相手のときぐらいは、『国家は、役人はウソをつくことがある』という前提で、仕事に当たってほしい」（同会報同年3月号）

中馬氏のいう「疑う」という言葉は、私が思う「クエスチョニング」の意味に似ている。この講演録が心に残ったので、会って話を聞いてみた。少し長いが引用する。

——「誰の言動も疑ってかかる生き方を強いられた」世代とはどんな世代ですか。

「私は10歳のときに敗戦を迎えました。楠木正成の敵討ちから『ヘイタイアユメ』まで、GHQが軍国主義的とみなした内容は、昨日まで大事にしていた教科書に墨を塗って消したんです。『天皇は父であり母である』も消した。『天皇陛下』という言葉が出ただけで直立不動したのにね。学校の中心にあった奉安殿の前を通ってても礼をしなくてもよくなった。中の御真影が焼けたりすると、校長は責任を取って自害したのですよ。

先生が私たちを殴らなくなった。そして『今日から民主主義の世の中です。みなさんは自由です。何でもいいたいことを言いましょう』と言い始めた。怖いと思っていた先生がエヘラエヘラすることほど気持ち悪いものはない。先生も戸惑っているのがわかった。軍隊において上官の命令が天皇の命令であったように、学校において教師の言うことは天皇の言うことでした。疑問を持つことは許されなかったのです。そういう小さなヒエラルキーが学校にあった。それがひっくり返ってしまったのです」

——少年としてどう思ったのですか。

「『へえー！』『よお言うわ！』という感じでしょうか」

——大人になって、どんな発想になって残りましたか。

「仕組みというのは必ず変わる。何事もずっと続くなどありえない。世の中には１００パーセント信じられるものなどない。

私たちの世代は疑り深い。自分でもイヤになるほどです」

——そうした感覚は新聞社内でも共有されていたのでしょうか。

「というより、新聞記者は疑うものです。私は1960年に入社し、初任地は秋田支局でした。火事がいつ、どこで起きました、と書いただけの記事では許してもらえない。なぜ焼け死んだ？　なぜ逃げ遅れた？　と疑問を求められた。大正生まれの支局長は『この原稿に文句はないが、キミはどう思うのか』と必ず聞いてきた。電話取材は許されない。答えを見つけるまで現場に行かされました。仕事にはそれぐらいの余裕はあった」

——そうした「疑う」ことで取材に臨んだ記事とはどんな記事でしょうか。

「全部です（笑）。沖縄返還にまつわる日米密約事件がそうです。戦闘機F2（注：国産として計画が始まり、日米の政治問題になり共同開発に至った）もそうでしょうか。私は防衛庁担当でした。疑問を持たなければ、これほど楽な部署はない。防衛庁も外務省もまず『日米同盟は大事ですよね』から始まる。しかし、だからと言って何もかも大目に見てはいけないのではないでしょうか。『なぜこんなに予算がかかるのだ？』『なぜこんなに膨れ上がったのだ？』と疑問を持たないといけない」

——3・11報道をどのように見ましたか。

「政治家であろうと官僚であろうと、美談しか言いません。疑いを持って、真相を話させようとしない限り、本当のことは言わないのです。軍が国民を騙したのと同じように、今は政治家や官僚がスマートに国民を騙しているだけではないか。『国民が騙される』という点では、また同じことが繰り返されているだけではないのか」

――広報態勢や通信機器は便利になり、記者の作業はスマートになったように見えるのに、なぜ「疑問」は衰退したのでしょう。

「情報が足りないからこそ、情報を求めてアタックしようとするのです。便利になりすぎると、与えられた情報で済ませることが癖になるのではないでしょうか」

新聞の黄金時代とは

中馬氏の話を聞いて私は腑に落ちるものがあった。敗戦を知る最後の世代である中馬氏の世代が定年退職で新聞社から去っていったのが、私が新聞社内の急激な変化を感じていた1990年代後半なのだ。これ以後、上司以下、敗戦という社会全体の「変節」「嘘」「裏切り」を知らない世代ばかりが社内を埋めるようになった。

私が入社した時に、三重県津支局で指導役だった林茂樹デスクは1942年生まれだった。名古屋市の中心部で育ち、県立の進学校から名古屋大学を出た人だった。しかし朝日社内に多い「受験秀才気質」を感じない庶民的で気さくな人だった。その林デスクが話してくれたことがある。

「自分の中学の同級生のうち、大学へ進学できたのは1割もいない。自分より優秀だったのに、家が貧しくて大学進学をあきらめた同級生も多い。だから大学に進んで新聞社にまで入った自分は、その中から選ばれたのだから、世の中をよくするため一生懸命働かなくてはいけないと思っていた」

林記者の話で、当時は「大学を卒業して新聞社に就職するような人的資源が希少だった」という事実を知った。希少であればこそ、林記者のように「ここに来れない人に代わってがんばろう」と思う人もいるだろう。

2012年現在、私の同期入社記者たちは入社26年目だ。年齢は48歳前後になった。朝日新聞社では福島、ニューヨーク、ロンドンなどの支局長になっている。東京本社の部長、局長など中枢の決定権限者になる日も近いだろう。

どんな世代なのか。小学校低学年のころにドルショックや石油ショックが起き、高度経済成長は終わっていた。暗記重視の「共通一次試験」(今のセンター試験)を受けて大学に入り、バブル景気のまっただ中に楽勝の就職活動をした。大学生のころ、学生運動はほぼ死滅していた。盛んだったのは軟派のサークル活動や「新新宗教」だった。上の世代に比べると、物質的な不自由感や飢餓感がない。「希少性の感覚」は乏しく、むしろ「飽和の感覚」にうんざりしていた。敗戦のように、大人たちが総崩れで敗北し、他の価値観に屈服し、変節する姿を目撃したこともない。社会から集団で裏切られたこともない。社会から貧富の差や都市・地方の格差が消えた最初の世代かもしれない。自分の周囲を振り返っても、東大・京大の学生に「エリート」と呼べる自覚や出自もなかった。単なる偏差値秀才が大半だった。ほとんどが平凡な「庶民」「大衆」だった。

同期入社の記者たちを見回すと、首都圏や関西圏の都市部出身者が多いことに気づいた。それも進学校中高→偏差値上位大学（東大、京大、一橋、早稲田、慶応が大半）を出た「受験秀才」が多い。親はホワイトカラーがほとんど。子供のころから塾や稽古事に通った。

銀行、商社、メーカーなど人気企業と新聞社を併願し「新聞社に合格したので入社した」という人物が多い。はやりの言葉でいえば「カタログ・スペックが高い人」だ。新聞社という「就職先」はその高スペックのひとつだった。当時は新聞社は「学生就職志望先ランキング」で鉄鋼・自動車・家電メーカーや生保・損保と並んで上位に入っていた。新聞社と通信社以外を受験しなかった私は、入社してからこうした同期生の生態を知って驚いた。むかしは新聞記者は「親が親戚や近所で自慢できないガラの悪い仕事」だった。が、そのころには「親も喜ぶ人気就職先」になっていた。採用試験の倍率が高いので、国家上級公務員や司法試験のような「資格職」「ステイタスの高い就職先」と思われていた。

時は流れて、2000年より後の話だ。朝日新聞社で、若い記者（支局勤務の20歳代）に職場環境の改善についてアンケート調査をした同僚が啞然としていた。

「平成大不況のなか就職した私たちは、就職できただけでも御の字です。まして朝日のようないい会社に入れただけでもありがたい。これ以上待遇の改善を望むことなどありません」

そんな回答が返ってきたというのだ。

また「支局の泊まり勤務について改善してほしい点」を聞くと「シャワー室に『TSUBAKI』（資生堂のブランド名）のシャンプーを買ってほしい」「マイナスイオンの出るドライヤーを置いてほしい」と書いた記者がいて苦笑した、とも言っていた。

私より上の年代の記者や研究者の多くが「新聞の黄金時代」と振り返るのは1960

年前後から80年ごろまでの20年間である。日本が高度経済成長の上昇気流に乗っていたころだ。日本の新聞の総発行部数と売上総額は時に「5年で2倍」というような急激な成長を見せた（日本新聞協会より）。１９６０年には２４４３万８０００部（１１５７億円）だったのが、１９８１年には４７２５万６１５０部（１兆５０００億円）になっているのだ。

その時代に働き盛りを過ごした中馬氏は著書『新聞は生き残れるか』（岩波新書）でその背景を分析している。まず、明治維新以降の近代化の大きな流れの中で新聞に好ましい環境が現れた。

（1）学校制度が整えられ識字率が向上した。

（2）東京の政府が府県町村を支配する中央集権構造が進んだ。

（3）工業化が進み、大量消費時代が到来した。企業で働くサラリーマン社会が形成された。

戦後の高度経済成長期には、さらに好条件が重なる。

（A）農村が解体し、都市化が進んだ。都市部に移住した人口は、ニュータウンや新興団地、単身者世帯、寮に住んだ。世帯数が急増した。

（B）第一次産業人口が減り賃金収入生活者が急増した。社会が「労働者またはサラリーマン社会化」した。
（C）親と同居する家族が減り核家族化が進んだ。
「神経の休まる暇もない、騒々しい孤独な都会で、彼らは必死になって都市の勤労者になりきろうとした。周囲にいるのは、自分より上の学校を卒業した人ばかり。話が合わない。でも、話の輪に入りたい。どうしたら彼らの話題についていけるか。書籍はむずかしそうで手が出ない。週刊誌が隆盛を極めるのはもう少し先のことである。手っ取り早いのは新聞であった」（前掲書）
中馬氏の著作を読み、話を聞くうちに、氏の年代こそが、新聞の黄金期とともに人生を送った世代であることに気づいた。そしてその世代は１９９０年代後半には定年退職して引退していった。本多勝一氏や故・筑紫哲也氏もその世代である。
１９６３年生まれ、中馬氏らの世代の子供の年代にあたる私は、こうした描写をまるで異国の話のような驚嘆とともに読む。同世代あるいはより若い人々の多くも、同じ思いではないかと思う。そして今は、私の世代の子供世代が、大学を卒業して次の時代の記者になろうとしている。新聞の黄金期は、若い記者たちのほぼ二世代前、つまり祖父母の時代に終わってしまったのだ。

こうした「新聞にとっての楽園時代」は１９８０年代後半から90年前後には終焉を迎えた。そして新聞の部数は頭打ち～低減傾向をたどり始める。91年にはバブル景気が終わる。日本社会はその隅々までの脱農村化・都市化が完成した。そして大量生産・大量消費の生活様式が行き渡る。

こうして、経済的な意味での「希少の時代」は終わった。私はそう考えている。高度経済成長時代の日本人が追い求めた「豊かさ」は、裏返せば「希少の追放」とも言い換えることができる。そして「希少」が追放されて出現したのは「飽和の時代」だった。既に新聞・テレビが高速通信や配送・配達・放送手段という「希少な資源」を独占していたがゆえに「マスメディアの王者」だったことは指摘した。インターネットはそうした資源の希少性と独占を破壊した。これも「希少の追放」の完成といえるだろう。「資源の希少性」そのものが消えると同時に、新聞・テレビの時代も終わった。

ポスト3.11の報道を考える

本書を締めくくるにあたり、「ポスト３．11時代の報道」を考えておきたい。

「はじめに」に戻るが、最烈度の危機で「不能」を見せつけた既存マスメディアは、もはや民主主義社会にとっては「脳死」していると考えたほうがよい。議論はより生産的かつ建設的になる。「蘇生」と呼ぶか「再生」と呼ぶかは別として、既存の全国紙やキーテレビ局は自らを改革する意思や能力をもはや持っていないように思える。もし意思や能力があったとしても、その主体的・自発的な改革を待っていられる「のんびりした時代」は3．11で終わってしまった。また改革を待ってやりたくても、インターネットという巨大なメディア技術革新の成長の勾配が、新聞やテレビの自己改革の遅々とした勾配を追い越してしまった。

おそらく「既存マスコミ」が企業として消滅するには、まだしばらくの時間があるだろう。が、インターネットほかテクノロジー環境の動向にもよるが、今後10年前後で、その社会的プレゼンスは限りなくゼロに近く低下する。今からそれを見越して準備しなくてはならない。「企業としては存在するが、報道としては限りなく存在しないに等しい」という時代は想像以上に早く来る。いや、実はとっくにそういう時代に入っているのかもしれない。3．11報道を見てそう思う。今度は「想定外」ということがないようにしなくてはいけない。「既存マスコミ体制なきあと」のシナリオを検討する段階に入

った と思う。

日本いや世界は、紙や電波など「旧メディア」に「新メディア」が勃興する「端境期」「移行期」にいる。紙媒体がグーテンベルクの活版印刷の発明以来500年の歴史を誇っていたことを思えば、私たちは500年に1回の世界史的なメディア変革のまっただ中にいる。そう簡単に「次のメディア」は形を定めないし、安易な予想を許さない。従って占い師のように「新しいメディア時代の報道はこうなる」と述べることは不可能だ。インターネットがその基盤になることは間違いない。が、たとえインターネットが主力メディアになったとしても、紙や電波媒体が突然消滅してしまうことはないだろう。電卓が普及してもそろばんは消滅せず、パソコンが普及しても電卓はなくならなかった。奇妙な「新旧テクノロジーの同居」がしばらく続くだろう。

「インターネットがあるから、もう新聞やテレビはいらない」という意見をインターネットでよく見かける。そのたびに「本当にそうだろうか」と自問してみる。媒体としての「新聞」や「テレビ」がインターネットに比べて構造的な弱点を持っている事実は、論じ尽くされている感がある。いわく、双方向性がない(=情報の流れが一方的だ)、リンクが貼れないので情報の広がりがない、などなど。その点だけ見れば確かに、インターネットのメディアとしての「比較優位」は動かないように見える。

一方インターネット派から「既存マスコミ」と呼ばれる新聞社やテレビ局はこう言う。「インターネットには報道はまだ育っていない」「権力監視には報道が必要である」「よって新聞やテレビによる報道は依然必要である」。

私には現実は、両者のどちらでもない、別のところにあるように思える。そして目指すべきところも、どちらにもないと思う。権力の不正監視をやってくれるなら、市民の自由を権力から守るための情報を運んでくれるなら、それは新聞であろうとテレビであろうとインターネットであろうと、何でも構わない。その機能を果たしてくれるなら、メディアは何でもいい。私はそう思う。権力がある限り、不正の監視が必要なのは、自明である。しかし、それが現在の「新聞社やテレビ局でなければならない理由」はない。

ジャーナリズムは常に必要である

「ジャーナリズム」が民主主義社会にとって絶対に不可欠なのは、議論の余地がない。権力の不正を監視するジャーナリストは必須だ。「新聞のない政府か、政府のない新聞か、どちらかを選べと言われれば、迷わず後者を選ぶ」というトーマス・ジェファーソン米大統領（1743〜1826）の時代から、不変かつ普遍の「定理」だ。また、報道媒体が提供する「パブリック・フォーラム」も、言論の自由を享受する社会には欠くことができない。だが、繰り返すが、その媒体が「紙や電波でなければいけない」という根拠はない。

こうして見ると実は「民主主義社会にジャーナリズムは不可欠である」という点では「インターネット派」も「既存マスコミ派」も、一致している。

が「インターネット派」が唱えるほど、現実は楽観的ではない。2012年現在、インターネットに、権力と持続的に対峙できるような「仕組み」はまだ見えない。まだそれができるほどの人材とシステムはインターネットメディアにはない。人材を支えるマネタイズ（お金を生み出すこと）の仕組みもない。

一方「既存メディア」が喧伝するほど現実は楽観的でもない。彼らの認識よりはるかに速く、メディア技術は進歩している。そして情報の受け手の意識は急速に変化している。つまり情報環境そのものが激変している。特に3．11以降、その変化に加速がついた。そして元に戻ることは、もうない。

つまるところ権力の不正を監視するのは「人間」（記者とは限らない）である。メディアそれ自体は権力を監視しない。市民に情報を届けるパイプに過ぎない。「新聞・テレビ（既存メディア）」か「インターネット」か、という議論は、論点の設定が間違っている。本質は「ジャーナリズムを誰が実践するか」であって「どのメディアか」ではない。

当面は「新旧メディア」が併存する時代が続く。そうした現実の中では「民主主義社会でのジャーナリズムの機能が十分に果たせるなら、媒体はなんでもよい。ミックスでもよい」という単純な結論に至る。そして、それがいちばん現実的なのだ。あるものは退場し、またあるものは勃興する。その中から、読者、視聴者、市民の「見えざる手」がメディアを選び、淘汰する。それだけのことだ。

本書で私は、既存メディアの抱える病弊について指摘をしてきた。が「既存メディアはすぐに消え去るべきだ」などとは主張しない。代替もないのに「消滅」してもらっては、社会に害をなす。

議論をわかりやすくするために、ワイルドカード・シナリオ（もっとも大胆な仮定）を考えてみよう。もし、きょう日本の新聞社やテレビ局が全滅してしまったら、社会からどんな機能が失われるだろうか。

ここではふたつを挙げておく。（１）初等ジョブスキル教育、（２）マネタイズである。

初等ジョブスキルの必要性

まず（１）から考えてみる。私が大学院で学んだコロンビア大学には、同じ大学院修士課程としてジャーナリズムスクール（Ｊスクール）がある。ピューリッツァー賞の事務局がある、全米でも有名なＪスクールだ。私が学んだのは国際関係論の学校だが、コースの中に「国際メディア論」の専攻があり、共通の授業がたくさんある。Ｊスクールの学生と席を並べるうちに、仲良くなる。向こうの授業を聴講することもできた。

そこで知ったのは「授業」の大半は「取材して書いて、先輩記者のアドバイスや添削をもらい、最後は発表して読者の反応を試す」というプロセスの繰り返しだということだ。当時私は朝日新聞社に入社して７年目だった。ちょうど、私が数年の間に仕事を覚えたプロセスとそっくりだった（記者だけでなく、編集者、カメラ記者、動画記者、エディトリアルデザイナーのコースもあった）。

なるほどと思った。米国流のＪスクールとは、日本の新聞社やテレビ局、出版社が持っている初等ジョブスキルの社員教育を「授業料さえ払えば、誰でも享受できるように開放した組織だ」という事実だ。アメリカ人の好きな言葉を借りるなら「記者教育の民主化」である。それは「まったくの素人を、最低限の仕事ができるようにする初等ジョブトレーニング」だ。日本では「新人社員教育」「オン・ザ・ジョブ・トレーニング」などと呼ばれる。「入社から5〜10年目くらいのジョブスキル」に該当する。

そう思ってアメリカ人の新聞や雑誌記者に聞いてみると、日本でいう「新人記者教育」のような仕組みや習慣は彼らの組織には存在しない。Jスクールは「報道のキャリアを始めるための最低限の職能」を教える機能を持っている。その機能はビジネススクールやロースクールと似ている。フリー記者になる卒業生も多い。新聞社やテレビ局に「入社」しなくても「新人記者教育」が受けられる。そういう場として設定されている。

日本では、Jスクールのような「誰にでも機会が均等に開かれている」「取材執筆の初等ジョブスキルを教える組織」はない。新聞社やテレビ局、少数の出版社が「社員教育」として独占している。最初からフリー記者になると、独学で覚えるか、経験のある「師匠」「先輩」について職人のように覚えるしかない。個人的な経験でいうと、私のような非東京出身、ずぶの素人の大学生が記者ジョブスキルを覚えるには「マスコミに就職する」しか方法がなかった。

社員教育の限界

「記事を書く」という作業は調理に似ている。料理を食べるのは簡単だが、プロの調理人としての技術を身につけるには努力と時間が要る。同じように、記事を読むのは簡単だが、簡単に読める記事を書くスキルを体得するには努力と時間がかかる。独学で大成する人もいれば、学校で学習する人もいる。そのへんも似ている。

私の経験でいうと、当時の新聞社は「烏賀陽弘道」という「世間知らずのボンボン」「才能もコネもない凡庸な学生」を「取材して、文章と写真で事実を伝えることができる」「その記事に対価を払ってもらえる」状態にまでするには最短の距離だったと思う。おそらくテレビ局もそうだろう。とにかく毎日毎日書いては新聞に出し、読者の反応をあおぐという作業をひたすら数年続けると、いやでも身体的動作、習慣、本能のレベルから「何か」が変わる。

私の場合、毎日起きる事件や街ダネの記事を一通り書けるようになるのに3〜5年かかった。自分で「思い通りの記事が書けた」と初めて思ったのは8年目である。これは私の物覚えが悪いからであり、普通はもう少し上達が速いと思う。こうして、日本の全国紙の場合、入社から5～10年目までは、初等ジョブスキルの習得で「得るもの」が「失うもの」を上回る。しかしその習得が終わると、それ以降「失うもの」が「得るもの」を追い越し、反転してしまう。

マネタイズ機能の問題

（2）のマネタイズの問題に移る。2011年段階で、インターネットを基本メディアとする報道の最大の欠陥はマネタイズ機能がないことだ。情報の受け手がネットで伝達される報道に対価を払い、維持に成功しているのは、まだ個人が単位（メルマガなど）であり、組織を持続させている例は希少である。また、そうした個人の成功例も、それだけで収入全体を支えるほどの規模はない。たまにあっても、購読料ではなく広告しか、組織を維持する安定した収入が見いだせない。

マネタイズ、といっても大げさな機能ではない。商品（新聞、雑誌や広告）を売ってカネを得る。そのカネで報酬を払う。取材でかかった宿泊や移動の経費を払う。そんな単純なサイクルだ。

そうしたマネタイズの機能を欠いたまま、技術的な進歩が先行し（好悪や善悪は別として)、インターネットはマスメディアの王座に近づいている。「まだ冬服の用意がない」と言っているうちに真冬が来てしまうようなもので、誰にも止めることができない。それが現実だ。

前述のように、インターネットは媒体機能としては紙や電波よりはるかにすぐれた特性を持っている。発信者と受信者がダイレクトに結ばれるというだけでも、私のような書き手にとっては夢のような話である。しかし、書いても書いてもお金にならない＝マネタイズ機能がないという現状は悩ましい。ネットに時間を割けば割くほど、発信者はただ働きが増えて、貧乏になっていくのだ。よほど財産のあるお金持ちでなければ、最後は力尽きるしかない。

理想は外部教育

残念ながら(1)(2)どちらの問題も、現時点で打開策はまだ存在しない。つまり既存メディアはダメダメなのに、代替がないので、急になくなると困ってしまうのだ。

既存メディアは衰弱し切って脳死状態。しかし、インターネットによる報道を持続させる仕組みは姿を現さない。そんな「不幸な空白時代」に我々はいる。それは権力監視の空白であり、民主主義の空白である。日本という民主主義社会にとって、不幸なことだ。喜んでいるのは、監視がいなくなってのびのびとしている権力者だけである。3．11以降失政が続く政府に、報道が何ら痛撃を加えることができないのは、そうした「権力監視の空白」と無関係ではあるまい。

では、どうすればいいのか。

まず、新聞社やテレビ局が持つ「初等ジョブスキル教育」は別組織として保存しなくてはいけない。現在の新聞社やテレビ局とは無縁のスクールとして独立させることができれば理想だ。そうしないと、新聞社やテレビ局が企業として弱体化したとき、この教育機能までが社会から失われてしまう。日本ではJスクールのような代替する組織がない。現に、現在の新聞社やテレビ局は、経営難から来るコスト削減圧力から「初等ジョブスキル教育機能」を失いつつある。

現段階では、記者のジョブスキル教育を新聞社やテレビ局が独占して抱え込んでいる。入社して「社員」にならないと、そのトレーニングには入れない。それを「社員にならなくても教育を受けることができるよう」開いておくべきなのだ。

また既存メディアがOBを多数送り込んでいるようなスクールでは、これまでの報道の単純再生産を繰り返すだけである。再生は遠ざかる。関係を絶ってしまわないといけない。

なぜこうした既存メディアの「記者教育の社員独占」を崩さなくてはいけないのか。前章まで述べてきたように「全国紙」「キーテレビ局」という巨大組織がおこなう報道は、大組織であるがゆえに「断片化」の圧力がかかる。こうした巨大組織（100〜1000人単位。組織型、チーム型ではない）は、3．11のような巨大危機では、マイナス要因として作用することがはっきりした。

また、原発災害のような進行のスピードが速く、意思決定の遅れが致命的なタイムロスにつながるクライシスでは、大組織が持つ集団的な意思決定や、広域型の意思伝達もマイナス要因になる。そして「記者クラブ問題」など旧時代の病弊が長期化し、いつまでも解決しない。ポスト3．11時代は「大組織は報道を弱体化させる」と考えたほうがよい。

3．11で巨大組織型報道が見せた大失態を目にしたいま、ポスト3．11時代の報道を同じ形態で繰り返すことは、どう考えても賢明な選択ではない。巨大組織ではなく小〜中規模組織、集団ではなく個人が基本単位になることは、もう避けられない。チームを組んだとしても、数十人という規模になると、巨大組織型とあまり変わらなくなる。10人前後が限界だろう。数千のマンパワーを強みとする「正規軍」から、少数精鋭の「特殊部隊」のような編成になる。特殊部隊が新兵訓練の機能を持たないように、こうした少数精鋭組織は、内部の職能訓練機能は持たない。「即戦力」だけで構成される。

もう一つのマネタイズの問題について。私自身、解決策はまだ見出せない。先行するアメリカでも、まだ答えは見えない。アメリカ各地を取材して回ったときには「寄付」がその答えのように言われていた。NPOや大学内の組織に報道の機能をもたせ、そこに広く寄付を募る方式だ。2011年夏にアップデート取材をしたときには「寄付と広告の混合型」ネット報道組織が現れ始めていた。まだそれくらい状況は刻一刻変化している。ましてビジネスとしては成立するかどうかなど、まったくわからない。

新聞テレビというヨボヨボの老人と、インターネットという、天才かもしれないがよちよち歩きの赤ん坊と。いま私たちの手には、その二つしかないのだ。

「投げ銭」の可能性

最後に、私自身の体験を話す。

アメリカ取材の前後から、私はインターネットで「投げ銭」を募ってみた。自腹で取材に行ったアメリカでの記者クラブ、ジャーナリズムの原則、言論の自由などの話を、ほぼリアルタイムでフェイスブックやツイッターで公開した。ニューヨークから自分が語る動画をユーストリームで「実況中継」したこともある。そして「こうした活動全般に自由に値段をつけてください。ゼロ円でもかまいません」と「投げ銭」を呼びかけてみたのだ。投げ銭とは、ストリートミュージシャンが路上で演奏、前に置いた缶や楽器ケースに自由にお金を投げ入れてもらうシステムだ。「中身を見てから、値段を自由に決める」ところがこれまでとは違う。支払いはオンライン決済「ペイパル」だった。正直に言うと、冗談のつもりだった。メシ代というか、2000～3000円くらい集まればいいかなと思っていた。

すると、予想に反して3万円くらい投げ銭が寄せられたのだ。その多くはフェイスブックを中心にした私のネット上の「知り合い」だった。とはいえ「ネットの情報に人は対価を支払わない」と信じこんでいた私には心地よいショックだった。そして3．11が来た時、同じことを試してみた。岩手県や福島県の被災地に自腹で取材にでかける。津波で破壊された漁村、放射能汚染で無人になった街などの写真や報告文を、取材したその日のうちにフェイスブックやツイッターで無料で公開した。リアルタイムに近い速報である。そして投げ銭を呼びかけてみた。すると送金が世界中から寄せられた。最小は一口100円。最大は3万円だった。通貨も円、ドル、ポンド、ユーロと多彩だった。2012年2月現在も、投げ銭は散発的に続いている。これまで5回前後被災地に入ったが、交通費や宿泊費、レンタカー代、ガソリン代はほぼペイする金額が集まっている。つまり経費分を回収できてしまったのだ。後は原稿を雑誌やネット媒体に発表して原稿料を稼げば、その分は私の収入になる。

大それた計画があったわけではない。雑誌が衰退して数が減り、取材費を出してくれる媒体が見つからなかった。現れるのを待っていては、被災現場に入るのが手遅れになってしまう。とにかく行こう。そうやって始まった窮余の策だった。が、結果「ネットで取材成果を発表し」「ネットでマネタイズする」と、報道のビジネスプロセスがネット内で完結してしまった。発表も課金もネットでやるというネット報道の成功例を、あろうことか自分自身でやってしまったのだ。

私はなお楽観していない。これは3.11という巨大な事件と、それへの深い社会的関心があったからこそ起きた「非日常的現象」かもしれない。サステイナブル（持続可能）なのかどうかすら、わからない。ただひとつはっきり言えることがある。それはこの「投げ銭」は私が朝日新聞社の社員のままだったら、絶対にできなかった、ということだ。上司はそんなことを許さない。もとより、被災地の取材に行くこともなかっただろう（私は管理職の年齢なので本社か支局で内勤をしていたはずだ）。朝日新聞社の公式の媒体（新聞、雑誌、ネットなど）以外に書くことは許されない。そして、投げ銭を呼びかけることもできない。そんな「副収入」は、朝日新聞社が許さない。読者も、朝日新聞社の社員として給与をもらっている私に向かってわざわざ「投げ銭」することなど、考えもしないだろう。

かつて朝日新聞社の記者として、いまフリーランス記者として働く私が身をもって実感したのは、会社員＝組織員ではない個人記者のほうが、はるかに即断即決、意思決定のスピードが速いことだ。3．11という進行の速い事件に対応すること。インターネットという技術革新の速いマスメディアを使うこと。どちらにもいえる。

そして「顔」が見える、その活動が普段から個人名で見えている記者でないと、パーソナルな形で支援しようなどとは、読者は思わないのだ。

周囲の私の「読者」に聞いてみると、投げ銭をしようと思った動機は「烏賀陽さんががんばっているから」という単純明快な（そしてありがたい）話だった。偶然、私が3．11以前から使っていた「フェイスブック」「ツイッター」というSNSが、彼らに「日ごろの烏賀陽弘道の活動」を日常的に知らせていたのだ。決して「ネット報道のマネタイズに使おう」などと思っていたわけではない。アメリカにいる取材先や大学院時代の友人と連絡を取ろうと思って始めたのがフェイスブックだった。記事を発表したときの「お知らせ」に使おうと思っていたのがツイッターだ。そんなネットツールが、すべて有機的に結合してしまった。

ここでは「読者」は再び再定義を迫られる。インターネットが「読者＝発信者からの情報を受け取るだけの受信者」という図式を破壊したことはすでによく知られている。発信者と受信者は相互に入れ替え可能になった。さらにSNSがここに加わった。読者は記者とネットの中でインタラクティブに情報をやりとりするだけでなく、現実世界でも「投げ銭をして記者を支える」という行動を起こして記者と双方向のアクションを交換するようになる。双方向性がネットから現実にも拡大するのだ。ちょっと難しい言葉を使えば読者の「actionability ＝行動性」が高まるのだ。

この「投げ銭」の成功を、私は２０１１年10月に名古屋市で開かれた「マスコミ倫理懇談会」で報告してみた。この会は、全国から集まった新聞・テレビの編集責任者や広告代理店などマスコミ業界のデシジョンメーカーの研修会である。そうした部長や次長の前で、この話をしてみたのだ。案の定、彼らは何の関心も示さなかった。朝日新聞は、3人いたパネラーのうち、私の名前と話だけは一文字も触れないまま1ページの紙面をつくった。まるで意図的にこの話題を忌避しているかのようだった。

この逸話は象徴的だ。こうした読者と記者が対等にアクションを起こす社会では「組織(企業、官庁、団体)の看板」は役に立たない。それどころか「逆ブランド」としてマイナスに作用する可能性すらある。SNSを使えば「個人」の個性は広まりやすいが「組織」はそもそも「個性」をもたせることそのものが難しい。読者は常に個人なので、双方向につながる記者も個人であるほうが敷居が低い。「個人」に注目が集まり、相対的に「組織」は意識から遠ざかる。組織であることが不利な条件になる。

前に、インターネットが既存マスコミの特権を無力化してしまったことを書いた。さらにSNSの時代になると、無力=ゼロどころか負=マイナスに転化してしまう。音楽でいえばバンドよりソロが有利な時代なのだ。既存メディアにとっては悪夢のシナリオだ。耳を塞ぎたくなるのも無理はない。

繰り返すが、私は楽観していない。3．11前からずっと新聞社の内側でその実情をつぶさに目撃・体験した私は「日本の報道は空白状態のまま根腐れするかもしれない」「監視を失った権力はますます暴走するかもしれない」と絶望していた。そのころから、基本的な現実認識は変わらない。

ひとつだけ希望を見出しているのは、3．11以降、原子力やエネルギー政策をはじめとする「硬い社会問題」への市民の関心が驚くほど高まっていることだ。私が「JBpress」というニュースサイトで連載している報道の分析や被災地からのレポートは、多い時には100万PV（ページ閲覧数）、少ない時でも数万PVが集まる。これはかつての「週刊誌」と肩を並べる数字だ。3．11以降、月に一度、東京・新宿にある「ロフト・プラスワン」で開く上杉隆氏、畠山理仁氏らとの報道をめぐる公開討論会には、毎回150人近い聴衆が足を運び「ニコニコ生放送」の動画中継を3万人が見る。会場にわざわざ九州や東北から足を運んでくれる人もいる。

こんな現象を、私は唖然としながら見ている。かつて「原子力・エネルギー問題」は「冤罪」や「防衛問題」と並ぶ「本が売れないテーマ」だった。そういったテーマで公開討論会やシンポジウムを開いても、せいぜい30人くらいが集まるのがやっとだった。

しかし３．11でそれが一変した。「原発問題なんて難しすぎてわからない」「そんなことより、仕事が忙しい」といっていたごく普通のお父さんやお母さんが、自分や子どもの健康の問題として必死で話を聞き、ネットを見てまわり、本を読んでいる。彼らはデモで叫び声や拳を振り上げるタイプではない。そういった人々の数、知識や情報への飢餓感、真剣な態度。どれをとっても、私の26年の記者歴でも経験したことがない。

思えば３．11は彼らに、この国の政治や政策、権力や報道といったものの姿をわかりやすく見せたのだ。その意味でもこの国は、もう後戻りのできない新しい時代に入った。

既存マスメディアの「報道の脳死」は続いている。それに起因する権力監視の空白も延々と続いている。私は不安と焦燥にかられる。「もう手遅れではないのか」「まだ間に合うのか」と。自分に何ができるのか、よくわからない。自分の収入を保証しないインターネットという新しいメディアで大洋に航海に出るのは『板子一枚下は地獄』の世界である。模索しながら、そろりそろりと前に進むしかない。

ひとつだけ確かなことを挙げるとするなら、それは「道具はすでに我々の手の中にある」ことと、「仲間は記者だけでなく、すべての市民の中にいる」こと。

それだけだ。
それだけを頼りに進むしかない。

あとがき

この本の原稿を納め、最後の締め切りを迎える直前に、２０１２年3月11日がやって来ました。そうです。「あれから1年」の日です。

多少はやるだろうと思ってはいましたが、報道はひどいありさまでした。朝日、毎日、読売など新聞の紙面は「えくぼ記事」「カレンダー記事」「セレモニー記事」で1週間ほど前から埋めつくされました。テレビも似たようなものでした。

例えば、3月4日の朝日朝刊1面、読売、毎日社会面トップは、まったく同じ記事でした。岩手県宮古市で、3月11日、地震と津波が襲ってくる直前に生まれた女の子がすくすく育っている。しかも、その子供の祖母は、同じ日に津波で命を落とした。祖母が死んだ日に、孫が生まれて育っている。「いのち　受け継ぐ」という見出し。いや、お話そのものは、素晴らしい生命の物語なのです。しかし、その記事を「1周年」にそろって出して恥じない新聞社の月並みで凡庸な発想に「もういい加減にしてくれ」と叫びたくなります。

この本を手にした読者のみなさんは、もう、そうした新聞テレビの実態を知ってしまいました。知ってしまった人間を元に戻すことはできません。3．11以後、私たちは新しい時代に入りました。それは「ポスト3．11」という、終わりのない時代です。3．11というクライシスは、官僚や報道、学界といった「問われることのなかった権威」にヒビを入れ、ごろりとひっくり返したのです。「権威破壊」こそが、日本の民主主義に3．11が起こした最大のインパクトなのです。今なおクライシスにある日本の将来と、被災した人々の明日を真剣に案じつつ、私は「何かが変わるかもしれない」という不謹慎な高揚感を抑えることができないのです。

これほど豊かな「創造的破壊」を予感させる時代は「活版印刷の発明以来＝500年ぶり」ではないでしょうか。しばらくは混乱が続くにしても、その先にどんな新しいメディア、新しい報道、新しい民主主義が待っているのか、考えるだけでわくわくします。この本が、そのスタートの礎石の下の、石ころにでもなれば本当に幸せなことです。

取材に力を貸してくださったすべての方に御礼を申し上げます。財政的にまったく後ろ盾のない私の取材をネット上の「投げ銭」という形で支援してくださるみなさんにも、この場を借りて篤くお礼を申し上げます。また、本書で掲載した文章の中には、私が寄稿しているインターネット・ニュースサイト「JBpress」で発表したものが多数含まれています。そこで「えくぼ記事」「カレンダー記事」などを実例を挙げて指摘したところ、ツイッターやメールで「今日の新聞にこんなえくぼ記事が出ていた」「今日は3紙そろってカレンダー記事だった」などの「情報提供」が多数ありました。そうしたネットで集合知を提供してくださったみなさんにも、お礼を申し上げます。こうした取材方法や資金調達で記事や本ができあがっていくという現実自体が、極めてインターネット時代的な現象であり、わくわくするような体験でした。

最後に、アメリカでの取材に力を貸してくれた記者や法曹界の友人に英語で謝辞を記します。

In closing, I would like to extend my deepest gratitude to the following persons who helped this book possible.

Bill Kovach, Brian Joseph, Jim Miller, Tom Newton, Mark Goldwitz.

2012年3月

烏賀陽弘道

（メールアドレス　hirougaya@gmail.com）

烏賀陽弘道　1963(昭和38)年生まれ。京都大学経済学部卒業後、朝日新聞社に入社。2003年退社以降、フリージャーナリストとして活動。著書に『カラオケ秘史』『「朝日」ともあろうものが。』『報道災害【原発編】』(共著)など。

Ⓢ新潮新書

467

報道《ほうどう》の脳死《のうし》

著　者　烏賀陽弘道《うがやひろみち》

2012年4月20日　発行

発行者　佐　藤　隆　信

発行所　株式会社新潮社

〒162-8711　東京都新宿区矢来町71番地
編集部(03)3266-5430　読者係(03)3266-5111
http://www.shinchosha.co.jp

印刷所　大日本印刷株式会社

製本所　加藤製本株式会社

ISBN978-4-10-610467-1　C0236

価格はカバーに表示してあります。